安定とその敵

SYNDICATE

――いかなる時代にもまして政治経済のグローバルな動きを踏まえることが求められる今日、プロジェクトシンジケートの活動は際立っている。多くのメディアが専門化し、みずから範囲を狭めるなか、プロジェクトシンジケートは世界のあらゆる分野から先導的な思索家、実業家、アクティヴィスト、政治家、政策立案者を見いだす。そして各国の報道機関をつなぎアジェンダを示す。簡明で、世界に開かれていて、われわれの未来を形づくる論点について確かな洞察をもたらしてくれる――じつに比肩するものがない

ジョセフ・E・スティグリッツ（ノーベル経済学賞受賞者）

――プロジェクトシンジケートがなかったら、われわれはそれを創らなくてはならなかっただろう。全世界の知識層に宛ててものを書くということは、従来の新聞に寄稿するのとは、まったく異なる経験といってよい。先導的な思索家や作家ならば、みずからの視点に対して文化の境界をこえた反響が届くという経験をするべきだろう

アン＝マリー・スローター（プリンストン大教授）

PROJECT

プロジェクトシンジケートは1994年以来、魅力と示唆に富む、書き下ろしの論評を読者にお届けしてきました。執筆者は、世界の経済、政治、科学、文化を形づくる要人たちです。私たちの使命は、教育を受けた各地の読者に多様な側面をそなえたアイデアを各種言語で届け、人びとが十分な情報をもとに物事を選択できるよう後押しすることにあります。裏返せば、私たちの使命は、世界一流の政治家、政策立案者、知識人、アクティヴィストのために、広報や政治宣伝を介さずとも世界各地の人びとに考えを伝えられるように演壇を提供することでもあります。

プロジェクトシンジケートには、154ヶ国から500社以上の新聞・雑誌社が加盟し、加盟社を通じて世界各地の3億人の読者へ日々論評が届けられています。私たちは、独自の非営利の通信社モデルを築きあげ、営利の通信社が無視して顧みることのない途上国の新聞・雑誌社へも論評を届ける態勢をとっています。また、発展途上のアフリカ、アジア、南米各地の加盟社に対しては、無償で、あるいは補助金付きで論評を提供し、人びとが等しくアイデアを入手しディベートに参加できる機会をもたらしています。私たちの活動は、人びとが、生まれた場所や住む土地にかかわらず、生命にかかわるさまざまな力、リスクを理解し、それに対応することができるよう後押ししようとするものなのです。ＰＳ

安定とその敵／目次

PROJECT SYNDICATE

STABILITY AT BAY

This translation of
Stability at Bay
is published by DOYOSHA

第一策　大停滞は続く

ノーベル経済学賞受賞者／米コロンビア大学教授
ジョセフ・スティグリッツ

二〇一五年は、全般に難しい年であった。

ブラジル経済はマイナス成長に落ちこみ、中国経済は四十年におよぶ特異な高成長を終え、はじめて深刻な突風に直面した。ユーロ圏は、ギリシャ問題での融解《メルトダウン》という最悪の事態こそ回避したものの、なお停滞しており、まさに失われた十年となりつつある。米国では、二〇〇八年に端を発する一連の大不況《グレート・リセッション》に幕を下ろす一年となるはずが、回復はそこそこでしかない。

世界経済は、国際通貨基金（ＩＭＦ）のクリスティーヌ・ラガルド専務理事のいう「新しい凡庸」の状態にあるようだ。

第二次大戦後の深い悲観論を想起し、世界経済が不況《デプレッション》に落ちこむと指摘する向きもある。この見方によると、不況は避けられたとしても、長期停滞は避けがたいという。

二〇一〇年の早くに、わたしは新刊『フリーフォール』を上梓し、一つ対応を誤れば大不況《グレート・リセッション》の引き金となりかねない一連の出来事を描き、世界が「大停滞《グレート・マレーズ》」に陥る危険性に警鐘をならした。

だが、残念ながらこの危惧が的中する。必要な対応はとられず、恐れたとおりの展開になってしまった。

世界経済の特効薬

惰性に甘んじる経済の現状は、理解にやすく、即座にとりうる特効薬も存在する。世界が直面しているのは、格差拡大と見境なき緊縮財政の波に起因する総需要の欠乏である。

富裕層は、底辺層よりずっと少ない額しか消費しない。このためマネーの価値が上がり、需要は減少する。また、世界的な需要不足の背景には、ドイツなど国際収支の累積黒字国の存在もある。

いっぽう米国は、欧州に広がる財政緊縮の影響を、ややゆるやかな形で受けている。米国の公共部門の雇用は、二〇〇八年以降、二〇〇万人の規模で増えるはずが逆に五〇万人ほど減ってしまった。

そのうえ、世界の大部分が構造転換の必要に迫られ苦戦している。欧米では製造業からサービス業への転換が進行中であり、中国は従来の輸出主導型の成長から内需主導型へと切替をはかっている。南米やアフリカの資源国は、中国の興隆による資源価格ブームの好機に自国経済を多様化しきれず、主要輸出品たる資源の価格低迷に苦しんでいる。こうした構造転換を円滑に進める力は、市場には期待できない。

世界には、成長を刺激しうる膨大な需要が、満たされずに放置されている。インフラだけでも数兆ドル規模で投資吸収の余地がある。これは開発途上国ばかりでなく米国にも当てはまる。米国の基本インフラ投資は、この数十年間過小にすぎた。世界全体でも、地球温暖化という現実を前にインフラ刷新が不可欠の状況だ。

ところが銀行部門は、妥当な線まで健全さをとり戻しながらも、その使命を放棄したかのようだ。

銀行は、私利追求や市場操作にかまけ、本来の役割たる仲介機能をおろそかにしている。一方に国富ファンドや退職年金など長期の資金があり、一方にインフラ整備など長期の投資需要がありながら、両者を仲介すべき銀行が目先の利益にかまけて機能不全に陥っている。

ベン・バーナンキ氏は連邦準備理事会（FRB）議長在任中、世界は「過剰貯蓄」に苦しんでいると指摘したものであった。

世界のあり余ったカネでネバダ砂漠にはりぼて小屋を建てよ、とはよく言ったものだが、実際には資金の不足が存在し、社会的に高い見返り《リターン》が期待できる案件ですら融資を得られないことが起こっている。

世界の不調を治療するには、総需要を増やすほかに手立てはない。また、到底充分とはいえない富の再分配も、しっかり進めれば総需要を増やす効果が期待できる。

金融制度を深く改革し、他に害を及ぼさないようにするだけでなく、金融を本来の役割

――長期資金での長期投資――に戻す変革も必要だ。

とはいえ、世界の最重要問題のいくつかには、やはり公的資金が不可欠である。投資対象として、インフラ、教育、技術、環境に加え、構造転換の促進が考えられる。

政府の出番

世界経済の障害は、経済ではなく、政治とイデオロギーである。

企業部門は、格差と環境破壊をもたらし、いよいよそのツケがまわっている。格差にせよ、環境破壊にせよ、市場にこれらを解決する力はない。また、市場自体がはらむ、きわどい問題の解決も、市場には望むべくもない。

市場の働きで繁栄が回復する、というのは幻想である。政府の積極果敢な取り組みが不可欠なのだ。

国債崇拝《フェティシズム》も克服しなくてはならない。これは、必要な資金を実質マイナスの長期金利で調達できる米国やドイツのような国に提言したい。

これ以外の国でも、公共投資のリターンは、資金調達コストをはるかに上回るはずだ。

資金調達で苦しむ国々にも、均衡予算乗数にもとづく打開策がある。税収増による政府支出の増額には景気拡大効果があるのだ。ところが、フランスなど多くの国がこれとは逆の均衡予算収縮に徹してしまっている。

一部には、新年は二〇一五年より良い年になる、との期待もある。だが、たとえそうなったとしても、ごくわずかな違いでしかないだろう。世界に広がる総需要不足を解決せぬかぎり、大停滞は継続せざるをえない。

ニューヨーク、米国

第二策　国際通貨制度の不順

インド準備銀行総裁
ラグラム・ラジャン

力強く成長する地域がないままに、二〇一五年も終えようとしている。先進国・新興国の両方が安定維持のうえでも成長を必要とする今日、これは危険な事態である。先進国の生産性向上の鈍さ、大不況《グレート・リセッション》でかさんだ債務負担、新興国の輸出主導の成長モデルの見直しなどが複雑に絡みあっている。

需要は刺激できるか

需要の弱さを補う方法はあるのだろうか？

理論上は、金利が下がれば投資と雇用は増加する。ところが実際は、債務過重と消費減退という状況があるかぎり、新規投資の実質リターンは減殺されてしまう。

一九世紀末にスウェーデンの経済学者クヌート・ヴィクセルは、自然利子率なる概念を提唱した。自然利子率とは、おおまかには物価安定と完全雇用が両立する金利水準を指し、これはマイナスとなることもある。

中央銀行としては、この理論を盾に量的緩和などの非伝統的金融政策を採用するわけだ。ところが実際は、こうした政策が国内の投資・消費を刺激する効果は、全くないとは言わないが、せいぜい功罪相半ばでしかない。

政府がインフラ投資を増やし、需要を刺激するのも一見よさそうだ。

だが、先進国では主要インフラ投資は、ほぼやりつくしている。また、既存インフラの修繕・交換の必要性について国民的合意があるにせよ(米国各地の橋梁を考えてみてほしい)、よほど上手に資金を配分しないかぎり、将来の税負担への懸念から家計は貯蓄を増やし、企業は設備投資を控えることになってしまう。

おそらく先進国の潜在成長率は、大不況に関係なく下がりはじめていたのだろう。

米財務長官を務めたラリー・サマーズ氏はこれを「趨勢的停滞」と評し、いまではこの言葉が広く通用している。要するに社会が高齢化し、消費意欲が下がっていること。また、すでにたっぷりと消費を行いこれ以上増やす余地のない富裕層に所得の集中が進んだこと。こうした状況が総需要の弱さの背景にある。

低成長の影にこのような構造問題があるとすれば、やはり構造改革が求められる。競争、市場参加、技術革新をうながし潜在成長率を高める政策の出番というわけだ。

ところが、構造改革は既得権益と衝突する。ユーロ危機の渦中、ルクセンブルク首相だったジャン＝クロード・ユンケル氏は、いみじくも次のように述べたものである。

——誰もがなすべきことを知っている。だが、なしとげた後で選挙に勝つ方法が誰にもわからない、と。

成長をやめられるか

先進国は、いっそ困難な成長をあきらめ、低成長を受け入れてはどうか？

もっともである。なにしろ、先進国の一人あたり所得はすでに高いのだから。

だが、先進国には成長を追求せざるをえない事情があるのだ。

その一つが過去の公約である。

一九六〇年代に先進国は、国民に広く社会保障を約束し、さらに財政の裏付けなきまま社会の調和を保つうえで成長が不可欠との事情もある。上の世代のツケを支払わされる若者世代は、いつでも街頭に出て抗議の声を上げられるのだから。

また、技術の変化やグローバリゼーションの結果、そこそこの成長では中間層に充分な雇用を生み出せない時代を迎え、格差拡大をこれ以上悪化させないためにも成長を追求せざるをえない、との事情もある。

これに加えて、日本が経験しているようにデフレの恐怖もある。日本では、おそらく政府・中央銀行が手をこまぬき、物価下落、需要減退、成長停滞の悪循環を定着させてしまった。

だが、この広く受け入れられている理解も正確ではないのかもしれない。

日本では、一九九〇年代前半に資産バブルがはじけたが、政府・中央銀行は、銀行システムの整理にも債務過重の企業の再編にも着手せず、景気低迷を長引かせてしまった。

ところが九〇年代後半から二〇〇〇年代前半にかけて日本政府が思いきった対策を講じはじめると、一人あたり成長率は他の先進国に負けない水準まで回復した。そればかりか、二〇〇〇年から一四年の平均失業率では、米国の六・四パーセント、ユーロ圏の九・四パーセントに対し、日本のそれは四・五パーセントだったのである。デフレによって債務の実質負担は重みを増す。これは事実である。ところが、債務過重の下では、インフレ政策で一律に債務負担削減をはかるよりも、むしろ目標を定めた債務再建策が有効なのだ。

こうしたことがわかっていながら、やはり政府・中央銀行はデフレの亡霊から逃れられずにいる。成長という政治的命題を前に、景気刺激策は効果がなく、債務不履行は政治的に不可能であり、構造改革も相当な返り血を覚悟せねばならない……。まさにジレンマである。

近隣窮乏化政策を避けよ

先進国としては、別の成長手段も選択可能だ。積極的な金融政策で通貨切り下げを行い、輸出を促進するのである。

先進国でなく新興国が、先進国の資金を受けて将来への投資を行い、さらにこの輸出振興策を採用して世界総需要のテコ入れをはかるのであれば望ましい。

ところが、一九九〇年代の通貨危機の教訓として、新興国は、投資に必要な輸入代金を外資に頼るのは危険だということを学んだ。

この結果、九〇年代後半以降、新興国の多くが、投資を減らし経常収支の黒字化をはかり、外貨準備を積み上げ、自国通貨の競争力の維持を優先するようになった。

米連邦準備理事会（FRB）議長を務めたベン・バーナンキ氏は、二〇〇五年の時点で「世界的な過剰貯蓄」との表現で新興国の国際収支の黒字に注目し、それが米国に流れこむ図式を指摘していた。資源の不適切配分と、それによる米国の住宅バブルが懸念されたのである。

言いかえれば、世界金融危機が起こる二〇〇八年までに、新興国と先進国は、資本流入と資本需要の危険な共生関係に入っていたのだ。それは、まさしく九〇年代後半の新興国危機での資本の流れを逆転させたものであった。

二〇〇八年の危機の余波のなか、流れは再び逆転する。つまり、先進国の資本が新興国に再流入し脆弱性が生じたのである。この脆弱性は、先進国が金融引き締めに転じたときに再び顕在化しかねない。

理想の世界では、成長という政治的命題は、自国の経済力の範囲内で設定される。ところが現実には、社会保障、過剰債務、貧困などの前提のもと持続的成長を模索するほかない。

ここで重要なのは近隣窮乏化政策を回避することである。各国当局としては、非伝統的金融政策や継続的な為替介入で資本流出と通貨切り下げを演出し輸出を競うような事態を避けなくてはならない。

要は、国際通貨基金（IMF）のような国際機関が責任をもって各国の非伝統的金融政策（継続的な為替介入を含む）を個々に分析し、慎重な判断でグローバル・システムの安定化に努めることである。システム不順の現状は、各国を金融緩和に走らせるばかりで、誰の利益にもならない。

われわれは、自由貿易と世界市民の責任について合意を築き――そうすれば目の前の圧力に屈することも回避できる――、世界が喉から手が出るほどに欲する持続的成長のステージを準備しなくてはならない。

ニューデリー、インド

第三策　転換期

国際通貨基金（ＩＭＦ）専務理事
クリスティーヌ・ラガルド

十一月のパリ襲撃テロにせよ、欧州への難民流入にせよ、いずれも北アフリカ・中東の政治・経済上の鋭い緊張の一症状と見なくてはならない。二つの出来事には切っても切れない関係がある。

ほかにも幾多の紛争が各地を包み、約六千万人が家を追われ、さまよっている。

そのうえに二〇一五年は、統計上もっとも暑い一年となりそうであり、極めて強力なエルニーニョ現象を受けて太平洋全域で天候不順による災害が広がった。

また、米国が金利の正常化に着手し、これに中国経済の減速が重なったことから、世界じゅうで不確実性と経済変動の振れ幅が増している。じつに世界貿易は急減速し、資源国は資源価格の下落に頭をかかえている。

これほどの経済停滞の一因には、リーマン・ブラザーズ破綻から七年が経った今も、金融の安定が実現していないことがある。多くの国で金融部門は脆弱性を払拭しきれず、新興国では金融リスクが高まっている。

以上を総合すると、二〇一六年の世界経済の成長は、期待外れで偏ったものになると覚悟せざるをえない。

中期的な見通しも、同様に力強い成長は望めない。低い生産性、人口の高齢化および世界金融危機の残滓が潜在成長率の足かせとなり、さらに累積債務、投資低迷、銀行部門の脆弱性が先進国にのしかかる。

こうした状況は、とりわけ欧州で顕著である。

いっぽう新興国の多くは、危機後の数年間の信用・投資ブームが去り、いまや調整局面に嵌《は》まりこんでいる。

中国の綱渡り

こうした見通しも主要国の経済移行のなりゆき次第で大きく変動する。

とりわけ中国の新成長モデルへの移行と米国の金融政策の正常化からは目が離せない。どちらも必要な過程であり、健全な動きであり、中国自体にも、米国自体にも、世界全体にも望ましい動きといってよい。要は、移行過程をいかに手際よく円滑に進めるかである。

中国は、すでに思いきった構造改革に着手し、国民所得と生活水準の引き上げをはかり、速度を落とした、より安全で持続可能な成長へとかじを切っている。中国が目指すのは、資源投資や製造業への偏重を是正し、サービスと消費の比重を増した成長である。中国政府は繊細を要する綱渡りの最中である。というのも、こうした困難な改革を実施しつつ、同時に需要の維持と金融の安定を両立しなければならないからである。

移行の波及効果の一部がこの夏に顕在化した。中国経済の減速が引き金となって資源価格に下方圧力がかかり、中国需要に頼る資源輸出国の通貨下落懸念が投資家の間に広がった。鉄鉱石などは中国が世界需要の六割を占めるのだ。投資が減れば中国の資源需要も減少する。資源価格低迷は長期化のおそれがあり、各国当局、とりわけ豪州、ブラジルは慎重な対応を迫られている。

米国の綱渡り

移行のもう一つは、米連邦準備理事会（ＦＲＢ）の利上げ決定をめぐるものだ。ＦＲＢはしばらく低金利を維持するとの方針を明示しているが、利上げ自体は米国経済の回復を映すものであり、世界にも望ましい動きだ。

金利が低ければ、投資家は利回りを他に求めざるをえない。資金は金融市場に向かい、株式、国債、社債の評価高をもたらす。

ＦＲＢもまた、繊細な綱渡りの最中である。金利の正常化と同時に、金融市場崩壊のリスクの抑えこみが求められるからである。

すでに波及の兆しはある。金融引き締め観測のもと、十二月のＦＲＢの利上げ決定を待たず、新興国、先進国を問わず一部の借り手の資金調達コストが高まったのである。

しかし、これは世界の金融状態の必要な調整過程とみられる。

ただしこの過程は債券市場の構造変化のせいで混雑せざるをえない。債券市場では流動性が低下し、脆弱性が増しているが、これは市場の過剰反応とその崩壊にむかう道であり、注意を要する。

先進国の外に目を転じれば、金利上昇への各国の準備は概して従来よりも整っている。それでもやはり衝撃を緩和する能力には不安が残る。

世界金融危機に際し、新興国・先進国の多くが財政・金融両面で大胆な景気対策を実施した。おかげで衝撃を緩和し、肝心な時に世界経済を牽引することができた。この五年間の成長の約八割は、こうした政策をとった国々が生み出したものである。

ところが、これには民間企業の債務増加という副作用がともなう。また、多くの国では債務負担が増している。この債務の相当部分がドル建てとなっているため、米金利上昇とドル高で「通貨のミスマッチ」が露呈し、企業破綻を呼び、さらに銀行・国債へと負の連鎖が広がりかねない。

移行のリスクを管理せよ

とはいえ、政策当局としては、需要を下支えし、金融の安定を保ち、構造改革を実施することで移行の下方リスクを管理可能だ。

特に主要国には、金融緩和の継続が求められる（米国と、おそらく英国は例外となろう）。先進国全体としては、政策決定の波及リスクを正しく踏まえ、これについて明確な意思疎通の必要があろう。

ユーロ圏としては、金融危機の残滓たる九〇〇〇億ユーロ（約一一五兆円）規模の不良債権に正面から取り組むことが突破口となる。そうすれば銀行は企業・家計への貸出を増やせ、金融緩和の効果も行きわたるようになる。成長見通しも改善し、市場も自信をとり戻すであろう。

新興国としては、主要企業の外貨エクスポージャーの監視を強める必要がある。また、社債・外債引き受けへの銀行の耐性を高めるなど、マクロ・プルーデンス政策で金融の安定化に努めることも重要だ。

世界全体としては、規制改革案の完成と実施が急務である。特に影の銀行たるノンバンクの透明性を高め、これへの監督を強める必要がある。また、グローバルに展開し、システム全体に及ぼす影響の大きい金融機関の破綻処理について、不適切な現状の改定も必要だ。

財政面では、各国は大胆かつ弾力的に、成長優先の政策運営に努めてほしい。

ＩＭＦでは先進国に対し、財政出動の余裕があれば公共投資――なかんずく良質なインフラ整備への投資を勧めている。もちろん堅実な中期財政計画も忘れてはならないが、これについては特に米国と日本に釘を差したい。

資源国のうち財政出動の余裕がある国には、資源価格の下落に対する調整を円滑にする政策に資金を割くことを勧めたい。

財政に余裕がない国には、成長優先型への財政の再調整を勧めたい。これは税改正、資源価格の改定、政府支出の優先度の見直しなどが想定される。調整後は、社会的弱者の保護に資金を振りむけるべきであろう。

資源国の中でも、チリ、コロンビア、ノルウェー、ボツワナといった国は、近年の資源価格の高騰を利用し、ショックに備え自国財政の強化に努めてきた。おかげでこれらの国は、財政調整のペースを制御し、成長を維持している。他国にも役立つ教訓といえよう。

最後に、すべての国に言えることとして、労働・製品市場、インフラ、教育、保健制度、貿易政策の各方面の改革実行と経済構造の強化を求めたい。

改革の実行には、事情に精通した熟練の政策立案が欠かせない。低成長と不確実性の高まる時代であればこそ、当局の手腕が問われている。

気候変動、貿易、難民、グローバル金融のセーフティーネットなど多様な問題が絡みあう今日、国際協調はいよいよ切実で不可欠な、すべての前提である。

九月には、国連の「持続可能な開発目標（SDGs、通称グローバル・ゴールズ）」が可決した。また十二月には、パリで国連気候変動枠組み条約締約国会議（COP21）があった。わたしは、ここに国際協調の精神を見る思いがした。

中東・欧州の難民危機も、単なる人道問題ではなく、国際社会の全員にかかわる経済問題と捉えなくてはならない。全員に支援する義務がある。

二〇一六年、世界の前途をさえぎる問題は大きい。だが、正しい政策、指導力、協調によって、わたしたちは問題を乗りこえ、全員の利益とすることができるはずだ。

ワシントンDC、米国

第四策　成長戦略の競争

スタンフォード大学シニアフェロー
フランシス・フクヤマ

二〇一六年の年頭には、ある歴史的競争が進行中である。それは開発モデル、すなわち経済の成長戦略《ストラテジー》をめぐる争いである。競争の一方には中国があり、もう一方には米国などの西側諸国がある。この綱引きは、人目からは大がかりに隠されているが、そのなりゆきにこの先数十年のユーラシア大陸の命運がかかっている。

中国の「一帯一路」戦略

中国経済の相当な減速は西側の誰の目にも明らかだ。ここ数十年間の年率一〇パーセント超の成長に対し、いまやそれは七パーセントにも満たない（おそらくもっと低いだろう）。

中国指導部とて無策ではない。輸出型で製造業頼みの、環境負荷の大きい成長モデルを脱し、内需・サービス型へと成長の重点を移す取り組みが進む。

二〇一三年に中国の習近平国家主席は、「一帯一路《ワンベルト・ワンロード》」なる大構想を発表し、ユーラシア大陸の経済的中心部を変革する考えを打ち出した。

このうち「一帯」部分は、中国西部と中央アジアを鉄道でつなぎ、さらに欧州、中東、南アジアへと鉄道網を広げる構想である。

「一路」の方は、おかしな名前だが、港湾・関連施設を整備し、東アジアからの海上交通を増やし「一帯」につなぐという。こうして東アジアの国々には、二つの大洋を経由する現行の海路のほかに、商品を陸路で運ぶという新しい選択肢が生まれるわけだ。

中国主導のアジアインフラ投資銀行（ＡＩＩＢ）には、一帯一路に資金を提供するとの性格もある（米国は昨年、参加を見送った）。だが、一帯一路の巨大な投資事案に対し、新機関の資金力は見劣りが隠せない。

中国企業はここ数十年、南米やサハラ以南のアフリカに大規模かつ積極的に進出し、必要な資源、採取産業、インフラへの投資を実施してきた。

これとは逆に一帯一路には、中国の外側で産業を開発し需要を掘り起こす狙いがある。中国は、原材料の確保よりも、むしろ重工業を後進国に移転し、それらの国を自国製品の市場に育てるつもりなのだ。

中国型開発モデルは、近年の西側の手法とは異質である。中国型の特徴は、国家主導の巨額のインフラ投資にある。中国は、道路、港湾、電力、鉄道、空港に資金を投じ、産業開発をはかってきた。

いっぽう米国の経済関係者《エコノミスト》は、政府のお膳立てによる開発手法を厳に慎んできた。国家の関与が深まれば汚職や自己取引が出かねない、との懸念からである。

中国型とは対照的に、近年の西側の投資は、保健、女性の地位向上、グローバル市民社会への助成、腐敗対策などに重点を移している。

西側の目標設定は賞賛に価するが、かつてこうした分野への投資だけで豊かになった国がないのも事実だ。

たとえば保健分野は、持続的成長を支える土台として重要である。だが、もし診療所にきれいな水や安定した電力がなかったとしたらどうか。あるいは診療所への道が整備されていない場合を考えてもよいが、いずれも診療所は充分に機能しないであろう。

中国のインフラ重視戦略は、国内で大変な成功を収めた。と同時に、日本、韓国、シンガポールなど東アジアの近隣国は、この中国の戦略の上に自国の戦略を組み立ててきた。世界政治の将来を占う大問題は明瞭である。すなわち、どの国のモデルが勝つか——これである。

一帯一路の構想が中国の思惑どおりに進むとすれば、インドネシアからポーランドまで、ユーラシア大陸全体が一世代でその姿を変えることになる。中国型モデルは一帯一路の諸国に成長と所得向上をもたらし、諸国は、停滞する残りの地域を尻目に中国製品に市場を提供することになる。いっぽう残りの地域は、公害産業を引き受けるはめになろう。その時、中央アジアはもはや辺境などではなく、世界経済の中心となる。中国型の独裁政権は限りなき信望に輝き、世界各地の民主政国家には逆風が吹く。

中国モデルの限界

とはいえ、ある重要な問題から、一帯一路の成否には疑問符を付けざるをえない。インフラ先行型の成長は、中国国内でこそ成功したが、それも政府が政治環境を思いのままにできるという特殊条件があってのことだ。

他の国では、こうは行かない。他の国には安定の代わりに紛争、腐敗があり、中国の計画は難航せざるをえない。

実際、中国は、怒れる利害関係者《ステークホルダー》や国粋的な議員連をもて余しはじめている。またエクアドル、ベネズエラなどの気まぐれな友人たちにも巨額の投資を行ってしまっている。

中国は、新疆ウイグル自治区のイスラム教徒に手を焼き、これに大規模な拒絶と抑圧を加えているが、同じ戦術はパキスタンやカザフスタンでは通用しない。

とはいえ、米国および西側諸国としては、自己のモデルに安住し、中国モデルの自滅を待てばよいわけではない。

たしかに大規模なインフラ開発戦略は、中国国内で限界に達し、おそらく他の国でも成功は疑わしい。だが、いまも世界全体の成長の鍵は、このモデルが握っているのだ。

米国も一九五〇年代、六〇年代には大規模にダムを築き、道路網を作ったものだが、こうした事業はやがて時代遅れとなった。いまや米国は、この分野での後進国への支援も積極的ではない。

バラク・オバマ大統領のパワー・アフリカ構想は、計画こそ立派だが、いかんせん出足が遅い。カリブ海でも、ハイチ北東部のフォートリベルテの港湾整備などは大失敗に終わってしまった。

米国は、アジアインフラ投資銀行（ＡＩＩＢ）に創設国として加わるべきであった。だが、いまからでも遅くない。米国はＡＩＩＢに参加し、環境、安全、労働などの分野で中国を国際基準遵守の方向に動かすことができる。

西側としては、インフラ整備が後進国ばかりでなく自国でも困難になっている原因について、この際、自問する必要がある。そうした反省を経ないかぎり、ユーラシア大陸ばかりか、他の重要な地域の将来までが中国と中国型開発モデルの手に落ちるという危険な事態になりかねない。

スタンフォード、米国

第五策　中国のシルクロード構想

元世界銀行チーフエコノミスト
林《リン》　毅《イー》夫《フー》

中国経済の減速で改革が停滞するのではないか――。

内需・サービス型への成長モデルの転換が挫折するのではないか――。

二〇一五年、世界の報道はこうした懸念の高まりを映すものだった。

だが、中国国内では経済の長期的軌道への自信はすこしも揺らいでいない。中国指導部は、成長減速に目配りしつつも、引き続き習近平国家主席の「一帯一路《ワンベルト・ワンロード》」構想の実現に集中している。

二〇一六年も、この路線が続く。

米国の戦略

無論、中国指導部は、習主席の唱える「中華民族の偉大なる復興」には先が長いこともわかっている。中国が世界の高所得国に加わるには、国内外の市場・資源の一層の活用が必要である。中国としては、世界規模で一段と責任を引き受け、同時に相応の影響力を求める構えだ。

現行の国際秩序は、まぎれもなく米国とその同盟国の国益に沿うものである。秩序の確立した第二次大戦直後には、それも一理あった。

だが、世界の勢力図《バランス・オブ・パワー》は変わった。世界情勢が中国に「責任ある利害関係者《ステークホルダー》」としての行動を求めるのであれば（実際そうなっている）、国際的意思決定の場でも相応の地位が必要である。

国際世論の後押しとは別に、実施の段が難しいことも事実だ。二〇〇九年のG20首脳会議で、当時の胡錦濤国家主席と米国のバラク・オバマ大統領は、国際通貨基金（IMF）での中国の議決権引き上げに合意した。ところが米国議会はこの決定を承認せず、いまも合意は実現せぬままだ。

じつに米国は、中国に国際社会での責任を求めながら、それに反し、一貫して中国の影響力の封じ込めをはかっているように見える。封じ込めは、中国固有の地域におよび、オバマ政権のアジアへの「旋回《ピヴオット》」戦略もこれであった。

また、中国以外の環太平洋の諸国を囲いこむ形の環太平洋パートナーシップ協定（TPP）にも、戦略的優位を保持し、アジア太平洋地域で地政上、経済上の権益を保護せんとの米国の狙いは明らかだ。

だが要は、中国がそれにふさわしい、必要な影響力をいかに確保するかである。

そこで「一帯一路」が構想されたのである。

中国の戦略

発想はごく素直である。古代の交易路シルクロードに想を求め、陸の「シルクロード経済帯《ベルト》」と海の「二一世紀海上シルクロード」で中国とアジア各地をむすび、その先にアフリカ、欧州までをつなぐ。そしてシルクロード一帯でインフラを整備し、「国益、使命、責任を共有する共同体」を築く。

インフラ整備の先導役として中国以上の適任国はない。というのも、中国は一面、自国の開発を国内インフラへの巨額投資で推進してきたからである。中国には、この分野の経験が充分にあり、建築資材産業も広大である。そのうえ、膨大な外貨準備——現在約三・五兆ドル（約四一〇兆円）、さらに拡大が見込まれる——を有し、事業への資金供給に不安はない。

中国は、すでに外貨準備の一部を先ごろ発足したアジアインフラ投資銀行（AIIB）につぎ込んでいる。新銀行は、中国のシルクロード構想支援の先頭に立つ。これは後進国、わけてもアジア太平洋地域のインフラ需要に特化した画期的な機関である。五大陸から五七ヵ国が参加し、米国の反対を尻目に、英国、フランス、ドイツなど米国の最も親しい友好国も参加する。投資の見返り《リターン》は膨大となろう。

後進国の中でも、労働集約型産業の国際移転という戦略的機会を捉えることができた国は、二、三十年間の高度経済成長を謳歌する——これが第二次大戦後の歴史であった。

先進国は、こうした高度成長で興隆する新市場を切望する。そして、新市場を外に求めることでは、いまや中国も事情は変わらない。中国にしても、外に新市場があれば、国内に高付加価値産業を根づかせるための余地を得ることができる。

労賃の高まりで中国の労働集約型産業の競争優位が失われるにつれ、低所得国が優位を得つつある。これこそ新シルクロードにつながる国々であり、その大多数が一人あたりG

DPで中国の半分に満たない低所得国である。こうした国々は、インフラ環境の改善につれ、中国の労働集約型産業の移転先として有利な立場を占めることになる。移転の規模は充分である。一九六〇年代、日本が労働集約型産業を海外に移転しはじめたとき、日本の製造業の雇用者数は約九七〇万人であった。八〇年代には、いわゆる「アジアの虎」（香港、シンガポール、韓国、台湾）が同じ道を歩んだが、当時これらの地域の製造業雇用者数は計五三〇万人だった。

これに対して、中国の製造業は一億二五〇〇万人を雇用し、そのうち八五〇〇万人が非熟練工である。つまり、この移転には、新シルクロードにつながる後進国すべてが一斉に工業化と近代化を実現するに足る規模があるのだ。

中国の成長減速、株式の下方調整、人民元安をめぐる世界の不安をよそに、中国はこの構想を推進し、やがて世界経済全体がその恩恵を享受する。後進国には、かつてない好機が訪れる。そして中国は、国内外の市場・資源の活用に成功し、世界経済の成長エンジンとして、その地位をいっそう確立する。

北京、中国

第六策　ＡＩＩＢ準備万端

アジアインフラ投資銀行（ＡＩＩＢ）総裁
金《ジン》　立《リー》群《チュン》

数週間後にせまるアジアインフラ投資銀行（ＡＩＩＢ）の歴史的創業に高い期待が寄せられているが、それも無理からぬことだ。

当行の創業で、国際金融機関のファミリーは、新しい一員を迎えてアジアの経済・社会開発を支援することになる。適切かつ持続的なインフラ投資のもとにアジアの開発は実を結び、市民の生活は向上する。さらに他地域への好影響も期待できる。

わたしは旧年を通じて、世界各地でさまざまな立場の人々とお会いしたが、何度となく次のように訊ねられた。

——なぜ今、新たな国際開発銀行なのか、と。

世界銀行やアジア開発銀行との違いを問われることも多かった。

こうした疑問への答えは、はっきりしている。

すなわち、国際舞台でアジアの役割と重みは増す一方であり、にもかかわらず、アジアは深刻なインフラ整備不足に直面し、それが成長を阻害している。新たに船出する新銀行は、急増する域内のインフラ需要に応え、これに新たな資金を供給するものである。鉄道・道路・港湾の整備と刷新、電力・通信の普及、都市計画の推進、上下水道の整備など、加盟国に対して当行が手助けできる領域は広大である。


こうした業務を、当行は上手に遂行する。しかも正しく遂行する。かゆいところに手が届く頼もしい開発パートナーとなり、加盟国と共同して事にあたる。

当行の創設メンバーには、明確な経営ヴィジョンがある。行内の事業と統治の間には透明かつ高い仕切りを設ける。同時に、開放性《オープンネス》、透明性《トランスペアレンシー》、説明責任《アカウンタビリティ》、自主独立《インディペンデンス》の四原則を組織の中心にすえる。

当行の憲章では、この四原則がかけ声倒れに終わることなく、基本的価値観として組織に根づくよう、経営陣に直接の説明責任を課している。

わたし自身も、このやりがいある課題を奉じ、あたうかぎり高い原則と倫理基準に立った組織文化を育てるつもりだ。

ＡＩＩＢの特色

さて、その実行方法である。

新銀行の設立協定、政策枠組みには、各分野の多国籍の専門家と協力して既存の国際機関を研究し、民間優良企業の成功事例も取り入れた。

さらに加盟各国と技術面で広範な討議をかさね、新銀行が貸出業務・内部業務の両面で機関の所有者たる加盟各国の目標・要望に合致するよう体制を整えた。当行の政策基盤は世界水準だと自負している。

目下こうした事項の効果的な実施にむけ、最高の経営陣と熟練職員の確保に動いている。

業務開始後の加盟各国の関心は、当行が過去の事例に学んでいるかどうか、将来の可能性を見すえているかどうか、この二点に集中すると思われる。いわば、既存の機関との差別化の問題である。

こうした疑問への答えは、すでに当行の特色の中にあると思う。

第一に、当行は、独自の所有形態・出資構造でアジアの特性を反映すると同時に、政策方針・意思決定の両面で加盟各国に大きな発言権をゆだねている。出資者の強い所有権、職務・使命への深い関与は、合意文章および政策枠組みの作成過程で、創設メンバー間で徹底的な討議が重ねられたことでも明らかだ。

第二に、当行は、その地理上の特性や対象部門の性格に対応したスキルと深い専門技能、地域に特化した市場知識などに強みがある。

また組織構造、柔軟な職員配置、効率よい意思決定により、顧客の要望、新規ニーズにも機敏に応じられる。調査手法は選択的かつ戦略的となる。さらに成果主義のビジネスモデルで、最先端の金融知識をもとに顧客に応じた金融サービスを提供する。

当行は触媒の役割も果たす。当行の参入により、機関投資家を含む公共・民間の金融部門は円滑さを増し、活性化するだろう。

当行は融資先に対し、事業の透明性・効率性の向上、環境基準・社会両面での業界標準の遵守などの面でも助言をおこなう。

融資先としては、当行の関与で事業のリスク減少を実現し、銀行融資《バンカビリティ》の可能性の改善も期待できる。

ＡＩＩＢの経営

当行は、完全な組織設計と統治体制のもと、戦略目標や組織の価値観との整合性を保ちつつ、効率的で実効性ある経営を進める。

外部評議会の設置で説明責任を担保し、高い効率性と費用対効果をお見せできると思う。外部評議会には、戦略決定、政策立案、監査の面でも高次元の役割が期待される。

当行への評価も信用も、煎じ詰めれば個々の職員の能力がものをいう。実力本位の厳しい審査で、国籍を問わず一流の人材を募集するつもりだ。また、融資案件の選定も物・サービスの調達も国籍は問わない。

当行の経営は、筋肉質《リーン》、公正《クリーン》、環境重視《グリーン》を旨とする。

まず筋肉質な経営については、官僚主義の蔓延予防と、フラットな組織構造の維持につきる。コストを管理し、最新技術を用いて機能の重複を省く。

当行は、一歩ずつプロの職能集団となる。専門的投資助言などの技能も行内でまかなうつもりだ。

また、不完全就業や余剰人員に注意し、過不足なき慎重な人員配置に努める。

組織の公正さについては、職業的高潔、模範的統治に立った組織文化の醸成につきる。ここに汚職の余地はない。最善の政策を得たとしても、厳格、公正、透明に実施しないかぎり、絵に描いた餅でしかないのだ。

環境重視については、持続可能性への配慮につきる。当行は、投資案件の認定、準備、融資実行の各段階で持続的開発の原則に従う。環境・社会のリスクや影響の適切な管理が開発の成否を左右する。知識・経験・資金をあげて顧客のリスク管理を支援する。

当行の船出に寄せられる期待は、アジア域内のニーズの大きさの現れである。当行は、創業初年度から持てる力を存分に発揮し、出資者が定めた目標・基準を達成する。そのうえで期待を上回る成果にむけて最善をつくすつもりだ。

わたしの自信には一点の曇りもない。

北京、中国

第七策　中国減速で浮かぶ国、沈む国

アジア開発銀行（ADB）チーフエコノミスト
魏《ウェイ》　尚進《シャンジン》

二〇一五年の中国経済減速の影響は、アジアを越えて各国への波及が必至である。とはいえ、直近でも年率七パーセント程度の中国の成長は、やはり大部分の国にとって恩恵にはちがいない。

三十年間の二桁成長を終え、いまや世界第二位となった巨大経済の減速は、ただ懸念すべき問題というよりも、各国がおのおの対処すべき問題である。

中国減速で沈む国もあれば、浮かぶ国もある。巨大な隣国の経済転換に際し、アジア各国の命運は、自国の経済構造を踏まえての対応いかんにかかっている。

銅、石油など天然資源の産出国には、すでに変化の巨大な波が襲っている。中国の製造業の減速で資源需要が縮小し、カザフスタン、チリなどでは事態は深刻である。

中間財の製造国にも危機が迫る。たとえば日本である。日本は、家電製品の部品や半製品を中国に輸出し最終製品に仕上げている。言い換えれば、日本の加工貿易の大部分が中国を経由する。中国の減速は、日本の輸出にも大きな影響を及ぼさずにはおかないのだ。

だが、資源国も加工貿易国も、命運が定まってしまったわけではない。

消費者はいまもスマートフォン、電化玩具、コンピュータを欲している。こうした製品の製造は、中国を離れ、コストの安い国へと移りつつある。たとえばベトナムである。ベトナムでは、外資流入もあり、スマートフォンなど家電の製造量、輸出量が急増している。いうまでもなく、これは長く中国の独壇場だった分野である。

インドやインドネシアも輸出大国となる可能性を秘める。ただし、それにはインフラ投資と政策改革、グローバル競争に耐える物流・投資環境の整備が前提となる。

中国経済のリバランスの影響を察知した国では、中国の消費者に物・サービスを売りはじめている。

減速したとはいえ、中国の個人消費は伸びつづけており、消費市場としても最有望である。この流れに乗った企業は、好業績をおさめている。

これまでのところ、中国の国民所得上昇の恩恵は、アジア域外の国々——たとえば自動車産業を擁するドイツやハイテク産業の米国が優先的に享受してきた。

だが、アジア太平洋地域も負けていない。シンガポールと豪州は、中国人の高まる教育熱に応え、高等教育サービスの輸出で強みを発揮する。

また日本では、中国人観光客の旺盛な購買行動が「爆買い」という流行語になっている。


中国と競合関係にある国々も、中国減速を追い風とすることができる。こうした国には、中国が撤退した分野でグローバル市場のシェア拡大の機会が広がっている。中国の労賃は、まさしく自国の経済的成功の結果、ここ十年間で二倍強に上昇した。こうしてベトナム、インド、さらにはバングラデシュ、ミャンマーなどの人口大国が労賃の安さで中国の後釜候補に浮上している。

中国では多くの産業が競争力を失いつつある。中国にとって、この先の成長には、安い労働力よりも技術革新と生産性向上が重要となる。

バングラデシュを見てみよう。バングラデシュは、中国が撤退した低価格アパレル製造に強みをもつ。製造量、輸出量ともに急増し、いまやアパレル製造世界二位として中国の背中を追いかける。こうして、アジア域内でも、バングラデシュ、それにベトナムの成長率が抜きん出る結果となった。

中国減速の恩恵は、ただ向こうから転がってくるわけではない。多くの国々が、中国の後釜にすわり、グローバル市場でシェアを高めようと競争している。

アジアの発展途上国としては、改革を実施し、電力、輸送、都市インフラに資金を投じ、全体として競争できる環境を整える必要がある。

中国の減速は、主に労働人口減少や労賃上昇など基本要素《ファンダメンタル》の変化によるものであり、世界経済の新常態《ニューノーマル》の一側面と見なくてはならない。いまや中国経済は巨大であり、年率六パーセントの成長ですら、世界金融危機以前の一〇パーセントの成長と同じ規模で世界経済に寄与するのだ。

中国をとりまく各国としては、国内改革を進め、世界経済での自国の位置を確保するなど、中国減速に最善をつくして臨む必要がある。

マニラ、フィリピン

魏尚進

第八策　インドは世界を望む

インド財務大臣
アルン・ジェートリー

いかなる国も孤立した島ではない――。詩人ジョン・ダンの詩篇にならった、この言葉が今日ほど意味をもつ時代があっただろうか。

インドとて孤立した島ではない。このことを肝に銘じ、わが国は、世界経済との統合の完成にむけ、物・サービスの貿易および資本・技術・思想の交流を進めている。

無論、わが国には独自の、大きく、拡散したディアスポラがあり、世界とつながりを強める過程もおのずと独自のものとなろう。

この世界でインドは特殊な位置を占める。先進国、新興国を問わず多くの国で経済的不安や経済的憂鬱が広がるなか、インドは希望、変化、そして経済的活力の輝ける星となっている。

インド経済は安定している。物価は落ちつき、通貨ルピーも順調に推移する。財政規律も堅持し、いまや経済成長はどの主要国よりも速く、さらなる高成長への準備も万端である。つまり、投資家がインドに押し寄せていることも驚くには当たらないのだ。

われわれは、母国の成功に胸をはる一方、この成功には責任が伴うことも忘れていない。国民は、大胆な経済変革と政治改革を政府に要求している。わたしも、使命を帯びて政権に加わる身として、このことを厳粛に受けとめている。

インド政府は、国民の期待に応え、必ずや使命を全うする。わが国は、グローバル化する世界で、国内に包摂的成長を実現し、国際社会にも建設的に関わっていく。

包摂的成長

わが国が包摂的成長にこだわるのには理由がある。

今日のインド人は、かつての「真夜中の子供たち」、すなわち独立後の最初の青年世代とは異なり、たとえ最下層の者でも自分は「中間層《ミドルクラス》」であると心から信じている。二一世紀のインド人は、世界のどの地域にもまして若く、男も女も自信に満ち、何よりも夢を抱いている。今日のインド人は、好ましい変化を目にし、良くなった生活を楽しみ、身近に成功者がおり、自分でも成功を収めてきた。いまやインド人はもっと多くを望んでいるが、いったい誰がとがめられようか。

この国民の期待に応えることこそ政府の使命である。インドの包摂的成長は、お題目などではなく、存亡をかけた命題なのだ。

大国たるインドは、国内に多数の差異をかかえる。階級、カースト、言語、宗教の違いに加え、世代、性別、思想の違いもある。差異というものは、保ち重んずれば、豊かな文化を育み、新しいアイデアを産みだす泉となる。

無論、言葉でいうほど容易ではない。経済関係者《エコノミスト》に言わせれば、成長・開発上、不均質な社会ほど大きな試練が待ちうけるという。

たしかに、不均質な社会ほど政治的対立が生じやすく、その結果、経済開発は滞る。また、差異をかかえた人々は互いに不信を育て、統治は困難をきわめ、政策は易きに流れる。

世界に面するインド

インドは、国内で包摂的成長を実現し、同時に国際社会での地歩を固める。二〇一五年は、二つの重要な国際協調で幕を閉じた。一つはパリで開催された国連気候変動枠組み条約締約国会議（ＣＯＰ21）であり、一つは多角的通商交渉ドーハ・ラウンドをめぐる世界貿易機関（ＷＴＯ）のナイロビ会議である。わが国は、この両方で建設的な役割に徹したが、というのも両会議にはインドの国益がかかっていたからである。

十二月に南部のタミル・ナドゥ州を襲った洪水に見られるように、わが国は気候変動に対して脆弱である。

そこで、わが国としては再生可能品の採用拡大、直接・間接の炭素価格制度、環境重視の公共投資の促進などに注力しつつ、先進国には炭素排出への価格設定を呼びかけてきた。石油など化石燃料の価格が大幅に下落した今日、炭素価格制度はいよいよ重要である。環境分野で技術革新を推進する以外に、この惑星の保全と数十億の人々へのエネルギー供給を両立する道はないのだ。

貿易は成長の原動力であり、効率と活力の源である――。

インドでは、政府も国民もこのことを知っている。

グローバル市場を一部の国の独占物とせず、すべての国に開放しつづけるためには、多国間主義こそ最善の道である。そして多国間主義の象徴たるＷＴＯの維持・活性化には、ドーハ・ラウンドを合意するしかない。

インド政府の最終目標は、開発上の国益――とりわけ数百万の農家の生活の保護と、多国間主義の役割の両方を確保することにある。そうすれば、開かれた市場を保つ道が見えてくるはずだ。

わが国と世界の関係について、建国の父マハトマ・ガンジーの言葉を借りよう。

ガンジーの望みは、次のようなものであった。

いわく、「あらゆる土地の文化が風となって、自由にわが家のまわりを吹き抜けてほしい。だが、足をさらうような風は許さない」と。

われわれは、インドの周囲に戸を立てることも窓を固く閉ざしてしまうことも望まない。

インドは、学びと経験、資本、技術、起業家精神などが風となって外の世界からやって

アルン・ジェートリー

きて、わが家のまわりを吹き抜けることを望んでいる。

わが国は、開放と受容を旨として世界と関わっていくが、この態度とて、インド独自の価値観、豊穣な歴史、輝かしい未来への自信とは矛盾しない。

であればこそ、インドは外からの風に足をさらわれずにいられるのだ。

ニューデリー、インド

第九策　投資欠乏に悩むインド

ハーバード大学教授
ギータ・ゴピナス

先のインド総選挙での人民党の歴史的大勝、それを受けてのナレンドラ・モディ党首の首相就任から十八ヵ月が過ぎた。人民党の圧勝で、国民会議主導の決められない政治が終わり、インド経済の躍進がいよいよ始まるとの期待が高まった。

ところが、二〇一五年を終えようとする今も、インド経済は飛躍できずにいる。インドの先行きを楽観視していた向きが失望を感じるのも当然である。楽観の材料は揃っていた。物的資本が圧倒的に不足するインドでは、着工を待つ多くの事業の再開につれ、投資拡大が必至とみられた。しかも新政権は、「メイク・イン・インディア（インドで作ってください)」なる産業振興策を打ち出していたのである。

ところが、残念ながら投資は伸びていない。むしろ投資の阻害要因はそのまま残っている。

民間の固定資本投資は、対GDP比で二〇一一～一二年期の三三・六パーセントを頂点に、直近の一四～一五年期は二八・七パーセントまで下がっている。

投資停滞はインド全土に広がり、政府の産業振興策を尻目に、主要な州では軒なみ投資が激減している。たとえば州都ムンバイを擁するマハーラーシュトラ州、バンガロールを州都とするカルナータカ州では累積一五パーセントの減少を示し、グジャラート州、タミル・ナドゥ州にいたっては、減少幅は二〇パーセント超に達する。

「メイク・イン・インディア」のかけ声をよそに、国内製造業の生産能力は二〇一一年を頂点にじりじりと三五パーセントも減少してしまった。この間、サービス業が一三パーセントの減少にとどまっていることからも、製造業の不振は著しい。

投資停滞の要因

投資停滞の要因を考えてみたい。

第一に、ごく単純に主要な改革、とりわけ土地収用改革の未実行がある。膠着した議会を前に改革を諦めたのであろうか、インド政府は、これまた単純にも懸案を州政府にゆだねてしまった。

地方分権への流れは、インドの財政委員会の勧告に基づくものである。たしかに財政の連邦主義強化には利点もあるが、中央政府の意図が州レベルに浸透しなくなる危険性もはらむ。

第二に、銀行・大企業の金融問題がある。モディ政権は石炭採掘権の入札を実施するなど目立った動きを見せるが、その努力の甲斐なく、いまも鉱業・インフラ関連の企業・銀行のバランスシートには問題が残る。

バランスシート上の問題は広範囲におよぶ。クレディ・スイスの調査によると、インド国内の銀行では、貸出の一七パーセントが不良債権化し、その相当部分が回収不能という。

土地収用を進めようとすれば大規模な改革が欠かせない。同様に、事業会社や金融機関の健全化にも破綻処理が不可欠だ。

過剰債務の企業を見逃し、銀行の不良債権を放置する愚については、投資が停滞する日本やユーロ圏を見れば明らかだ。インドとしては、この問題が慢性化する前に解決しなくてはならない。

第三に、実質ベースでの資金調達コストの問題がある。

資源価格の下落もあり、インド準備銀行は物価高騰の抑えこみに成功したものの、名目金利は高止まりしている。

消費者物価指数（CPI）で見れば、公的銀行からの資金調達コストは、二〇一二年第1四半期の年利〇・七五パーセントから一五年第3四半期には五・二四パーセントに上がっている。卸売物価で見れば、上昇幅はさらに拡大する。

インド準備銀行の最近の利下げ決定を尻目に、市中銀行としては、バランスシート上の問題や健全性への不安から貸出金利を下げられない状況だ。

消費者物価指数が四~五パーセントという現在の水準で推移するかぎり、インド準備銀行としては、一段の利下げに進まざるをえない。

とはいえ、世界経済には強い逆風が吹いている。米連邦準備理事会（FRB）の利上げは、ゆるやかながらも、インド経済への影響は避けがたく、通貨ルピーにも下落圧力が予想される。

この圧力は物価高騰をまねき、米国の超低金利政策のもとドル建ての借入を増やしてきたインド企業のバランスシートを直撃する。こうしたリスクを前に、インド準備銀行としては高金利の維持を優先するとみられる。つまり、資金調達コストは高止まりし、その結果、投資の増加も当分期待できない、ということだ。

二〇一六年は、インドをとりまく環境も投資には逆風となりそうだ。米国経済は回復しつつあるものの、中国の減速は著しく、これまでのような世界経済の牽引役は期待できない。また、日本や欧州の大部分では停滞が続いている。インドの輸出関連部門も逆風は避けがたい情勢だ。

だが、世界経済の状態がどうであろうと、インドにとって肝心なのは、自国の投資の回復である。力強い投資なくして、持てる力の発揮は望めない。インドが以前の中国のように二桁の成長を望むのであれば、生産能力とインフラの大幅な拡充が不可欠である。

インド政府は公共投資や外資の誘致に注力しているが、これでは問題解決にならない。モディ政権が二〇一六年になすべきは、改革への政治的合意を取りつけることである。インドの前進には、改革以外に道はないのだ。

ケンブリッジ、米国

第十策　労働者に成長の分配を

世界銀行チーフエコノミスト
カウシク・バス

世界経済の後退局面は、二〇〇八年の米国発の金融危機以来、いまも継続し、最長記録を更新するかもしれない。確実に言えることは、日本は立ち往生し、中国は減速し、ロシアの危機は深く、ユーロ圏に回復の兆しは見えないということだ。要するに、世界はいまも繁みの中にいる。

この「悪性不況《パーシステント・リセッション》」の背後には、世界経済の深い転換《シフト》が横たわっている。世界を包む政治対立のいくつかにも事情は共通する。

二つの革新《イノベーション》がこの転換を推進している。すなわち、労働の省力化《セイヴィング》と連結《リンキング》である。

労働の省力化と連結

革新の一つ、労働の省力化・省人化は、目新しいものでこそないが、近年その勢いを増している。たとえば産業用ロボットの世界販売数は、二〇一四年に二二万五千台に達し、前年比二七パーセント増の勢いだ。

いっぽう労働連結の影響は、さらに目覚ましい。この三十年間のデジタル革新によって人々は自国にいながら外国の企業・雇用主のために働くようになった。

こうした変革は、統計上も、高・中所得国の趨勢として確認できる。

労働所得の国内総生産（GDP）に占める比重は、各国で下がりつづけ、数字にもはっきり現れている。一九九五年と二〇一五年の数字を比較すると、米国で六一から五七パーセントへ、豪州で六六から五四パーセントへ、カナダで六一から五五パーセントへ、日本で七七から六〇パーセントへ、トルコで四三から三四パーセントへと下落が顕著だ。

新興国からすれば、省力化の影響も、中期的には労働連結の効果で中和しうる。新興国は、自国の安い労働力で基本インフラ整備や安全確保に努め、この構造変化を追い風にすることができるのだ。

これも数字で確認しておこう。

新興国の企業は、一九九〇年にはフォーチュン五〇〇の五パーセントを占めるに過ぎなかった。ところが、中国企業を中心に、いまやその割合は二六パーセントに増えている。また、インドの情報技術部門は、九〇年代から躍進し、インド経済全体の原動力となっている。

さらに、マレーシアの国営石油会社ペトロナスなどは、七四年の創業以来、いまや三五ヵ国で営業し、世界のエネルギー市場を牛耳る「新セブン・シスターズ」の一角と目されるまでになった。

たしかに、新興国の中には、腐敗や資源価格の下落に苦しむ国もある。その代表例がブラジルである。同国のGDPは、二〇一五年期には約三パーセントの縮小が予想される。

だが、世界の高い成長率はすべて新興国なのも事実だ。たとえばベトナムは年率六・五パーセントで成長し、ほかにも七パーセント前後にインド、中国、バングラデシュ、ルワンダが並び、エチオピアの成長率にいたっては九パーセントを超える。

痛みを労働者に押しつけるな

二〇一六年からこの先、新たな現実に適応した一部の新興国が突出し、これまでとは異質の経済成長を見せるであろう。

いっぽう高・中所得国には痛みが広がる。裕福な国の労働者には、グローバル化した労働市場での競争が待ちうける。所得格差は広がり、政治対立はますます激しく頻繁となる。国外委託《アウトソーシング》を禁止せよ、と唱える政治家もあるが、それは得策ではない。そんなことをすれば、高い製造コストが仇となり、世界市場の競争から弾き出されるだけである。技術の進歩が続くかぎり、この痛みは最後には全世界を覆いつくす。労働者の稼ぎは減り、すでに許容できない水準の格差はいっそう悪化する。


この事態を前に、所得の増加分のすべてが設備・株式の所有者の懐に納まることがないよう工夫できるかどうか、ここにわれわれの真価が問われている。

現在と比較するために、一九世紀初頭、産業革命期の英国の状況を見てみよう。

当時英国では、児童労働は普通であった。一日の労働は十四時間、あるいはもっと長時間に及んだ。

連続した労苦が人を作る、などとうそぶく保守党員もいたが、言うまでもなく長時間の労働は労働者の都合ではなく、雇用主の都合でしかなかった。

進歩的勢力の直接行動、知識人の文筆活動、工場法制定への膨大な努力などを経て、英国はこの忌むべき慣行を断ち切ることができた。こうして英国は災厄をまぬがれ、成長と発展を謳歌する強国へと歩きだしたのである。

考え方の変化がいかに劇的であったかは、公文書でも確認できる。一七四一年、新型紡績機を発明したジョン・ワイアットは特許申請にあたり、この新技術で工場主は三〇人の成人を「一〇人の病弱者や児童」に入れ替えることができるとし、当時の法務長官はこれを認可した。法務長官は、この機械は「五、六歳の児童でも」扱うことができると太鼓判を押したのである。

いまや再び、知的にも政策的にも、改革の時が来ている。現代の巨大な不正は、生まれ落ちた瞬間に決まってしまう格差である。貧しい家庭に生まれた子供には、人生のはじめから栄養失調と発育不良が待ちうける。逆に少数ながら、蓄積した富と稼ぎの相続人として生まれる子供もいる。労働所得が搾りとられるにつれ、格差は広がり、経済上も政治上も様々な形の危機が不可避となる。

この流れを変えなくてはならない。

何より教育普及、技能開発、国民皆保険にむけて努力すべきだ。これには革新的な考え方が求められる。

労働所得にテコ入れする方法を編みだす必要もある。一種の利益分配も検討に価する。労働者が勤務先の持分所有者になれば、技術革新も労働者の不安の種ではなくなる。技術革新の影響で賃金が下がる場合も、持分利益の上昇がそれを補ってくれるからである。

ハーバード大学のマーティン・ウェイツマン教授やリチャード・フリーマン教授、コーネル大学のロバート・ホケット教授など複数の経済学者、法学者がこの問題を論じている。無論、あらゆる革新がそうであるように、問題の正しい理解には調査の積みかさねが欠かせない。だが、二〇一五年の教訓は、もう手をこまぬいている余裕はない、ということである。

ワシントンDC、米国

第十一策　聖戦テロとの戦い方

投資家・慈善活動家
ジョージ・ソロス

開かれた社会《オープン・ソサエティ》は常に脅威にさらされている――。

パリや各地でのテロの結果、開かれた社会が、とりわけ米欧のそれが危険な状態にある。襲撃後の米欧の反応、わけてもフランスのそれを見るにつけ、この観を深くせざるをえない。

「イスラム国」（ISIS）やアルカイダなど聖戦のテロリストは、西側社会のアキレス腱に気づいてしまったようだ。

すなわち、死への恐怖である。

ＩＳＩＳの宣伝員は、冷血な襲撃と身の毛もよだつ映像でこの感情を喚起、拡大する。連中はこの手法で、開かれた社会に暮らす（いまのところと留保しておく）、分別ある人々の理性を奪ってしまう。

脳科学によると、感情は人間の理性の一部だという。われわれの社会にとって、聖戦テロが脅威となる理由がここにある。われわれも指導者も、死への恐怖から度を失い、理性に反する行動をとってしまう。

脳科学を引きあいに出すまでもなく、これは経験からもわかる。つまり、生命に危険を感じると、感情が思考と行動をしばり、合理的判断は至難となる。恐れは、脳の古く、原始的な部位を活性化する。これに反し、開かれた社会の価値観と原則を系統立てて維持する部位は後退してしまう。

反応というリスク

開かれた社会は常にリスクにさらされている。恐れを感じたときの、われわれの反応自体がリスクである。

開かれた社会を両親から受け継いだ世代は、試練をくぐり、恐れのなかで理性を保つ方法を学ばないかぎり、その維持に何が必要かを理解することはできない。

聖戦テロは、この直近の試練である。

一世代前には、核戦争の恐怖が試練となった。また、わたしの世代のそれは共産主義とファシズムの恐怖であった。

聖戦テロの最終目標は、世界じゅうのムスリムの若者に、テロ以外に方法はないと思いこませることにある。襲撃はこの目標への手段にすぎない。

死への恐怖は、欧米の社会に潜む反イスラム感情を喚起、拡大する。やがて非イスラム教徒の人々は、ムスリムすべてをテロ予備軍と見なすようになる。

まさにこうした事態が起きている。

テロへの反応として反イスラム感情が広がり、その結果、欧米に暮らすムスリムの間に恐れと怨みが生じている。

年長者は恐れをいだき、若者は怨みをいだく。そしてテロ予備軍が育つ土壌ができあがる。この流れは、相互に強化しあい、再帰的な循環が完成している。

どうすればこの循環をとめ、逆転させることができるのだろう?

確実なことは、開かれた社会の根幹たる価値観や原則を放棄し、恐れに任せて反イスラム感情に走っても解決策とはならない、ということだ。

しかし、この循環に抗うのが至難なのも事実だ。

わたし自身も先日、米国大統領予備選の共和党討論会を見て、この困難を身をもって経験した。これは敵の思う壺だ、と念じることで辛うじてこらえることができたのである。

聖戦テロの危険の排除には、抽象論では不足である。

必要なのは、テロ打倒の戦略である。

聖戦という事象が一世代以上も継続している事実からも、この挑戦の大変さがわかる。実際、聖戦を正確に捉えることは不可能かもしれない。だが、努力の必要はある。

シリアの紛争を考えてみたい。

周知のとおり、この紛争に端を発して難民問題が起こり、欧州連合（EU）の存亡が危ぶまれている。紛争が解決すれば、世界はよりよい形になる。

ISISは弱者の立場にある——。

この認識が大事である。

連中は世界に恐怖を拡散する一方で、その根拠地は弱体化しつつある。国連安全保障理事会が満場一致で非難決議を採択するなか、ISIS幹部は、イラクとシリアでの日々が終わりに近づいていることを自覚している。

無論、シリアの先行きはきわめて不透明であり、その紛争だけを切りとって理解することも、対処することも不可能である。

だが、ある考え方《アイデア》だけはきわめて明白である——断じてテロリストの望む行動をとってはならない、このことである。

だからこそ、二〇一六年の年頭に、開かれた社会の原則への誓いを確認しなおし、ドナルド・トランプやテッド・クルーズのような輩《やから》の人を惑わす言説に対し、たとえ至難であっても抗わなくてはならないのだ。

ニューヨーク、米国

第十二策　試される欧州の連帯

欧州委員会委員長
ジャン＝クロード・ユンケル

年の瀬には棚おろしが付きものである。

去りゆく一年は、欧州の連帯が、過度に誇張された劇的なリスクをかいくぐり、第二次大戦後最大の試練を耐えぬく一年となった。

欧州の連帯は、一年の大部分をギリシャ危機の厳しい試練にさらされつづけた。危機の衝撃は、いまも経済・社会両面でユーロ圏、ひいては欧州全土に残っている。

年のはじめから、ギリシャをめぐる交渉では関係者全員が忍耐を強いられた。膨大な時間と信頼が損なわれ、架け橋は何度も焼け落ちた。容易に取り返しのつかない言葉の応酬があった。欧州の民主国家が非難しあい、互いに争う姿が衆目にさらされた。欧州の全員が奈落を覗きこんだ。ぎりぎりの瀬戸際まで行き着いてはじめて、欧州はそこから引き返すことができた。最後には欧州連合（ＥＵ）加盟国は、ギリシャの側に立った。公約を作成し、履行し、それを順守した。そして現在、新たなプログラムを実施しつつある。

欧州は連帯をとり戻し、信頼も回復しはじめている。いまや問題は改革の実施段階に移り、欧州委員会は新構造改革支援サービスを設けてギリシャへの支援を継続すると同時に、改革の長い道のりの各段階で技術援助を実施中である。

二〇一五年には、ギリシャ危機と同時に起こった難民危機でも、欧州の連帯が試された。欧州委員会は、新年早々に包括的移民政策を一歩進め、迅速な対応で危機の抑えこみをはかった。地中海の警備を三倍に増員し、人命救助に努める一方、人身売買・密入国の犯罪網への反撃を試みた。また、国際支援が必要な人々の受け入れの分担をＥＵ加盟国間で合意し、欧州の連帯を示した。

欧州連合では、域内に流入する難民の再定住を進めると同時に、地理上も重要なトルコと連携して事に当たっている。また、移民の原因への対応としてアフリカと新たな協力体制も築いたところだ。

ＥＵ外局では、移民流入の負担にあえぐ加盟国への支援を継続し、該当国の負担軽減をはかると同時に、移民の身元確認、審査、指紋採取などの受入業務、および不適格者の送還手配の両面で処理の迅速化を進めている。

欧州には解決力がある

問題が起こるたびに、欧州連合には必要な解決策がすべて揃っているように見えるかもしれない。

いや、理論上は全くその通りなのだ。だが、現実はそうは行かない。矛盾するようだが、いったん合意した首脳レベルの公約が、その後の実施段階で困難に直面するのはなぜか。これについては、わたし自身がいまも当惑を禁じえないのだ。

実例を挙げよう。

首脳会談《サミット》につぐ首脳会談で、各国の首脳陣は、国境警備員を送ってギリシャの国境維持を手助けしようと表明する。また、ヨルダン、レバノン、トルコなど多数の難民をかかえる隣国への資金援助も決定する。

ところが、数週間後も目標は達成されず、公約は実行されずじまい、ということが繰り返されるのである。

それどころか、EU加盟国どうしが互いの欠点をあげつらい、陳腐きわまりない非難の応酬をはじめる始末なのだ。各国は、自国の亡命者受け入れ体制を改悪し、流れを隣国に誘導しようとする。また、左右両翼の政治家は、揃ってポピュリズムをかきたてる……。

どれも怒りを呼ぶばかりで、解決にならないことは言うまでもない。


欧州連合は、加盟国が個々にかかえる深刻な諸問題に、全体として解決を導くことができる。この点は、いいかげん自信を持ってよいのではないか。

欧州連合の難民法案を廃止したとしても、人道上の規範や難民受け入れなど、国際法上の各国の責任がなくなるわけではない。むしろ、難民受け入れの共通基準があればこそ、公正な仕組みのもと、一箇所への難民の集中を防ぐことができる。

また、個々の国の政治状況に左右されない形の欧州国境・沿岸警備隊があれば、欧州は秩序をとり戻し、域外との国境の有効管理も可能となる。やはり欧州全体での解決が必要なのだ。

今般の難民危機を、先の金融危機の時間軸になぞらえれば、いまは金融危機のさなか、二〇一〇年二月の段階にある。当時、欧州各国は、国レベルで問題に対応可能との考えを捨てきれずにいた。いまやわれわれは、こうした問題には欧州として協調した対応が必要なことを知っている。

欧州の連帯は、必ずや勝利する。十一月にパリを襲った非道きわまりない襲撃事件は、欧州人の生き方そのものを標的にしたものであった。われわれは恐怖に屈し、壁の中に引きこもりなどはしない。むしろその後も壁をとり除きつつある。われわれは、犯罪者どもと逃げてくる人々とをしっかり区別する。

わが愛しき欧州よ。この勇敢なる大陸、気高き人々、安全と公正さで世界に冠たる大地よ。われわれは、欧州の信望に恥じない行動をとるであろう。欧州は打たれ強さを示すであろう。

欧州の統合は、一筋縄では行かない、ときに複雑きわまる挑戦である。出だしこそしくじるかもしれないが、最後は「忍」の一字である。力を合わせた欧州は、立ちはだかる問題を凌駕することができる。全体となった欧州は、分断の兆しを前に団結を示すであろう。

欧州は二〇一六年も忍び、へこたれることはない。そして欧州は繁栄を謳歌する。

ブリュッセル、ベルギー

第十三策　対ＩＳＩＳ作戦を統合せよ

フランク＝ヴァルター・シュタインマイアー
ドイツ外務大臣

十一月十三日のパリ襲撃事件は、単にフランス首都への攻撃というよりも、むしろ欧州中央への攻撃であり、「イスラム国」（ＩＳＩＳ）のテロの脅威は、いよいよ外交上の最重要課題となっている。

わたしとしては、この暴力に対し、扉を閉ざし窓という窓に釘を打ちつけて回るという対応はとってはならないと思う。自分たちの生活様式を手放し、長い時間をかけて培ってきた開かれた社会《オープン・ソサエティ》を手放そうものなら、それこそテロリストの思う壺である。

われわれの反応は、何をおいてもまず政治的なものであるべきだ。すなわち、国内の警戒を強め、友好国の公安当局との協力を緊密化することである。

西側としては、疎外をうむ社会排斥と戦う決意を示さなくてはならない。つまり、イスラム教徒など移民への差別を排除し、社会への統合をあらゆるレベルで進めることである。

これと並行して悪しきＩＳＩＳに対し、その策源地たるイラク、シリアで正面から取り組む必要がある。

ドイツの政戦略

テロ発生の当夜、わが国はフランスに連帯を約束し、つい先日もこの履行を確認した。対ＩＳＩＳの軍事作戦もこの一つである。

無論、空爆だけでテロが止められるとは思えない。だが、武力抜きでＩＳＩＳの脅威の除去を考えることもできないし、ＩＳＩＳを軍事的に制圧せぬかぎり、一年後も、シリアにもイラクにも政治的解決の足がかりは得られないであろう。

先ごろ、わたしは二日間の日程でイラクを訪れた。イラクでは、この一年でＩＳＩＳの支配地域を盛時の四分の三に縮めることに成功している。

だが、対ＩＳＩＳ作戦上もっとも難しい仕事が残っている。

この難事に、わが国は三つの部分からなる政戦略で臨む。

第一に、ISISの対抗勢力への支援である。

わが国は、クルド人自治政府の治安部隊ペシュメルガへの武器・弾薬の供給を決定した。リスクは承知の上だが、方向性は間違っていないはずだ。この十一月には、ペシュメルガがイラク北部の要衝シンジャールを解放した。ここは二〇一四年夏にISISが少数派ヤジド派の住民を虐殺した因縁の土地である。有志連合の空爆がなければ、ISISの侵攻はいまも続いていたにちがいない。

第二に、ISISの手から解放した地域での人々の安心回復である。他の紛争の例からも、この重要性は明らかだ。

そこでわが国は、警察力の回復、学校の再建、電力網・上下水道の復旧など、地域の安定化に資金を投じている。こうした支援のもと、再復したイラク北部の町ティクリートにも一五万強の人々が戻りつつある。

戦略の第三部分こそ最困難にして最重要である。すなわち、政治的展望の共有である。

長期的に、イラク・シリア両国のすべての勢力が一つの政治的展望を共有することができてはじめて、ISISの勃興をゆるした紛争と混乱にも終わりが見えてくる。

イラクでは、アバディ首相が勇気ある改革案を打ち出し、スンニ派の政治参加に道をひらいた。

いっぽうシリアは、政治改革どころの状況ではない。だが、この方向であらゆる努力を傾ける必要がある。

ドイツは、先頭に立って外交努力を続けている。わたしは昨年、リヤド、テヘラン、ベイルート、アンマン、ウィーンで、無数の困難な会談をかさね、中東諸国の亀裂に橋をかけ、シリア国内で対立する各国の代理勢力の抑えこみをはかった。

ウィーンでは、五年間のシリア内戦の果てに、はじめて主要関係国が交渉の席についた。ここでの停戦と政権移行の行程表の合意は、じつに勇気づけられる成果であった。無論、喜ぶには早すぎる。だが、最後には米ロだけでなく、イランとサウジアラビアの間にもシリアの紛争解決へ最低限の合意ができた。翌十二月には、シリア反政府勢力がリヤドに会し、この方向の第一歩をしるしたのである。

政治的合意への道は、長く、骨の折れる旅である。思い描いた場所にたどり着く保証はどこにもない。合意に欠かせない参加国は、ときに国益が相反し、反目しあっていることすらある。

だが、シリアの複雑な状況に不平を鳴らしていてもはじまらない。一概に敵・味方に区分できない政治的現実があるからとて、手をつかねて中東の対立と紛争が収まるのを待つわけにはいかない。その時になってシリア人の国も組織も消滅していては元も子もないのだ。
イランの核交渉の成功は、根気強く、誠実な外交が有効だと証明している。また、リビアでも、熟練のドイツ外交官が国連主催の交渉を主導し、秩序回復の政治行程が動きだしている。

外交を担当するわれわれは、現実と向きあい、不確実性を引き受け、そのうえで行動に踏みきる場合も静観する場合も、結果に責任を持たなくてはならない。どう転んでも成功の見込みがない場合も言い訳できない。だからこそ忍耐が重要なのだ。
架け橋を上げて入口を塞いでも、ＩＳＩＳとイスラム過激派のテロに対応したことにはならない。必要なのは、忍耐強さであり、軍事・人道・外交を統合して中東に関与する政戦略である。

ベルリン、ドイツ

フランク＝ヴァルター・シュタインマイアー

第十四策　過激派、滅ぶべし

元英国首相
トニー・ブレア

二〇一五年、イスラム原理主義者は執拗にテロを反復し、その追複曲《カノン》はじつに長く、残忍をきわめた。邪悪なイデオロギーのもとに人命の奪われなかった月はなかった。一月、ナイジェリア北東部のバガで二千人規模の大虐殺。イエメンの首都サナアでは自動車爆弾で三八名が死亡。パキスタン南部のモスクでは礼拝中の六〇人が殺害。六月にはニジェールのディファ州、クウェート・シティ、チュニジアの保養地スースなど各地で三〇〇人以上が殺害あるいは重傷を負う。十一月にはサラエボ、ベイルート、パリなど各地で約二〇〇名が死亡。

そして、十二月の米カリフォルニア州サンバーナディーノの銃乱射事件。広がるテロは、「イラク・シリアのイスラム国」（ＩＳＩＳ）の蛮行として片づく性格のものではない。これは世界的問題である。

国際社会としては、戦略を立て、イスラム過激派の根絶をめざすべきである。それは軍事、外交だけでなく、開発援助を含む、世界の安定化への包括的戦略としなくてはならない。

対過激派の戦略

戦略上、ＩＳＩＳの排除が最緊要である。シリア、イラクは言うまでもなく、リビアを含めＩＳＩＳの活動地域のすべてが作戦範囲である。

だが、どこに西側の地上軍を投入するかばかりを論じてもはじまらない。ＩＳＩＳは、五ヵ国の国土を蝕《むしば》み、狂信的イデオローグが統治する新国家を自称する。国際社会の全員がこの集団の打倒へ行動しなくてはならない。ＩＳＩＳの存在が許容できない以上、広く有志連合を組み、正しい政戦略のもとに各地でこの集団を撃破すべきである。

とはいえ、対ＩＳＩＳ戦の勝利は、不可欠ながら糸口にすぎない。要は、シリア問題で結果を出すためである。

結果とは、シリア国内が落ちつき、少数派を保護しつつ発展への歩みを再開する状態をいう。この時バッシャール・アル＝アサド氏は政権を去らねばならない。

そのためにも、交渉に影響力をもつ必要がある。そこで、シリアで地上戦を繰り広げる反政府勢力への支援が欠かせないのだ。

問題は、世界がこの数十年間苦しむ過激主義にあり、ＩＳＩＳなぞは過激主義が最悪の形をとった一現象にすぎない。国際社会としては、いついかなる場所であろうと過激派の台頭をたたく力を備えておく必要がある。

とりわけ欧州は、この問題に大きな利害を有する。ＩＳＩＳの脅威は、欧州の戸口に迫っているというより、すでに欧州内部に入りこんでいる。短期・中期にこの脅威を根絶できるかどうか――。これにかかる欧州の利害は甚大である。

より長期には、過激主義のイデオロギーという、問題の根幹に取り組む必要がある。ＩＳＩＳやそれに類する集団に従う聖戦士《ジハーディスト》の数はさほど多くないが、連中の世界観に少なからず賛同する者となると決して少数ではないのだ。

イスラム教とは、その信者の大多数が理解し実践するように、平和で高潔な信仰である。人類の存在・進歩にイスラム教が果たした役割は小さくない。

だが、目の前の問題から目をそらし続けてはならない。

多くのイスラム教国では、大多数の人々が二〇〇一年九月十一日の同時多発テロを米国中央情報局（ＣＩＡ）かユダヤ人の謀略だと信じている。また、ツイッター上に数百万のフォロワーをもつイスラム聖職者が不信心者や背教者は死に値すると世界に布告し、一部の者はユダヤ人への聖戦《ジハード》を呼びかける始末だ。

わたしの財団では、宗教地政学研究所を設置し、過激主義を日夜追跡している。その調査報告は、不吉ながらも興味深い洞察を与えてくれる。報告を読めば、問題のイデオロギーの根が深く、その根絶には相当の努力が必要なことがわかる。

わたしは、こうした問題意識から「教育に関する世界の誓い」を提唱し、すべての国が教育を通じて文化・宗教上の寛容を育み、偏見の根絶に責任をもつ、との国際合意を得た。

過激主義の教義《ドクトリン》に対抗する人々への支援も重要だ。

モーリタニアのアブダラ・ビン・バイア師や、カイロのアル＝アズハル・モスクの神学者たちなど、勇敢かつ真剣な人々が、イスラムの真の教えと現代世界が調和することを立証している。信仰の悪用への戦いを指導する覚悟を固めたイスラム指導者との協力は、決定的に重要である。

転換期の中東

一部には、中東は避けるべき混乱の地との偏見があるが、あたかも十一月にパリで殺戮があったばかりであり、われわれは、これを不干渉の無益さの教訓とせねばならない。

中東、イスラムは転換期にある——。こう理解すべきである。

中東は規則に基づく宗教的に寛容な社会へと向かい、イスラムは進歩と慈愛の信仰という本来の姿に向かっている。このように見れば、中東は避けるべき混乱の地ではない。むしろ中東の生死をかけた闘争には、われわれの基本的利害がかかっている。

だからこそ、中東とイスラムの未来を開かれたものにすべく努力する人々を後押しせねばならない。同盟国たるエジプト、ヨルダンおよび湾岸諸国では、人々は近代化の困難に直面している。いつでも手助けできるよう準備が必要だ。

最後に、イスラエルとパレスチナの紛争の解決にはこの数年が非常に重要だと指摘しておく。紛争の解決自体が重要なばかりか、この解決によって国家間、宗派間の関係への好影響も期待できる。国際秩序の礎《いしずえ》たる平和共存原則の力強い復活ともなろう。

九・一一以後の教訓を体系立て、外交を鍛えなおす必要がある。それは、経験のせいで無力化されたものではなく、むしろ経験で改良されたものとして積極的関与の必要性を確認するものとせねばならない。

過激主義との戦いでは、武力と同時に教育も不可欠である。教育があればこそ、この国の市民もこの国にやってくる人も、なぜ価値観が大事なのか、なぜ価値観を守らなくてはならないのかを理解することができる。

われわれは、この戦いに勝利する。文明の破壊を望むイスラム狂信者は、自らの手で宗教を堕落させてしまった。連中の企みは、いかなる意味でも成功しえない。世界の圧倒的多数の人々が共存を望んでいる。人々の支持と選択によって、平和の精神が、イデオロギー、政治、宗教を超えて勝ち残る。

ロンドン、英国

第十五策　米ロはシリアでも手を結べない

元駐ロシア米国大使
マイケル・マクフォール

二〇一五年にロシアのウラジーミル・プーチン大統領はシリア介入に踏みきり、ロシア外交の大きな転換点をしるした。

過去十五年間、プーチン氏は、内政・外政上の目標獲得にあたり、武力に頼る傾向を強めてきた。一九九九年のチェチェン、二〇〇八年のグルジア（ジョージア）、そして一四年にはウクライナがあった。シリア介入の一手は一見劇的だが、これまでの攻撃的なロシア外交の延長に置けば必然といえる。

だが、シリアは過去の介入とは一線を画する。というのも、チェチェンにせよ、グルジアにせよ、ウクライナにせよ、いずれの場合もプーチン氏は、軍事行動が国際社会の非難をまねくことを正しく予想していた。ところが、シリアでは国際社会の支援と連帯を期待しているのだ。

クレムリン関係筋は、次のように指摘する。

いわく、ジョン・ケリー米国務長官の先のモスクワ訪問が示すように、シリアでの対テロ作戦参加でロシアは孤立を脱し、頼れるグローバル・パワーとして新たな敬意を集めるようになった、と。

ロシアは戻ってきた、非難は終わりだ、世界はロシアを求めている、というわけだ。

だが、こうした結論は早計にすぎる。

長い目でみれば、ロシアは、グローバルに展開する対テロ作戦で協力国となりうる。また原則として、米欧など各国は、この任務へのロシアの協力を歓迎しなくてはならない。

さりとて、対ロ協調の長期的な実現には、まず目前の諸問題の解決が必要である。

米ロ協調の条件

第一に、ロシアのシリア介入には長年の顧客たるアサド大統領保護の狙いがあるとみられるが、まずロシアは、米国と有志連合が支援する反政府武装勢力への空爆を停止し、標的を「イスラム国」（ＩＳＩＳ）に定めなくてはならない。

空爆開始からこの方、ロシアの戦略は明らかである。すなわち、アサド政権とＩＳＩＳ以外の勢力を叩きつぶし、アサドかＩＳＩＳかマシな方を選ぶほかない状況を作りだすつもりなのだ。

最近でこそロシア軍は、ＩＳＩＳの拠点への空爆を開始している。だが、やはり作戦の重点は反政府勢力にある。ロシアが西側のパートナーとなるには、空爆対象の劇的かつ恒久的な変更が必須である。

第二に、シリアの政権移行への努力に、プーチン氏も真剣に加わらなくてはならない。アサド氏が権力の座にとどまることは不可能だ。氏にできることは、他の独裁者と同じく暫定的な権限委譲政権の役割だけだ。アサド政権のあるかぎりＩＳＩＳへの志願兵は増える一方であることからも、政権維持は不可である。

アサド政権は、シリア国民を多数殺害している。その数は、他の勢力による被害者総数を上回る。氏がＩＳＩＳを攻撃することはまずない。氏の軍事目標は、他の反政府勢力にある。対テロ作戦のどこにも、氏の出る幕はない。

それればかりか、シリア政府軍による犠牲者の大多数が市民であってテロリストではない。シリア人権監視団によれば、二〇一一年三月から一五年十一月の間に、ＩＳＩＳは一七七七人の人命を奪ったとされるが、アサド政権は、その間、十八万一五五七人の市民を殺害している。アサド氏が平和をもたらすなどと考えてはならないのだ。

プーチン氏はまず、アサド政権による市民殺戮をやめさせ、ロシアがシリア政府に有する影響力を示すべきだ。これが実現せぬかぎり、プーチン氏にはアサド氏やシリア政府軍を交渉の席につかせる力がない、と断じざるをえない。

第三に、ロシアは、空爆方法を変更すべきである。いまのやり方は、市民の巻き添えが大きすぎる。これでは動画投稿サイト「ユーチューブ」の聖戦士《ジハーディ》チャンネルに格好の映像を提供するばかりであり、ISISの思う壺である。

第四に、ロシアは、米国がISISを影で支援しているとの謂《いわ》れなき報道をやめなくてはならない。このような誤った主張を拡散し米国を敵視する相手と共闘できるわけがないではないか。

第五に、プーチン氏は、ロシア人戦闘員のシリア流入を断ち切らなくてはならない。ロシアの推計でも、昨年九月までに二四〇〇名強のロシア人が戦闘員としてISISに加わったという。

第六に、ロシアは、シリア問題で米国と有益な協力関係を結ぶ気があるなら、ウクライナ問題で米国が譲歩するなどという幻想を捨てる必要がある。シリアとウクライナの一括解決を求めても失敗は目に見えている。

米国がなすべきこと

無論、ロシアとの協調には、米国と同盟国の側にも調整と献身《コミットメント》が求められる。

第一に、米国は、資金・武器を供給し支援する反政府勢力をISISとの戦闘だけに集中させておいてはならない。むしろ反政府勢力は、この機会に軍事戦略を組み立てなおすべきだ。新たな戦略では、シリアを交渉の場につかせる手段として、政府軍への攻撃集中も検討すべきだ。反政府勢力としては、アサド政権の攻撃にさらされているかぎり、ISISとの戦闘は後回しにせざるをえないのだ。

第二に、米国は、シリアの政権移行へ真剣に圧力をかけるよう、クレムリンに要求すべきである。政権移行とは、煎じつめれば、自由で公正な選挙の実施である。独裁政治が安定をもたらしているなどという偽りは、米国にも世界にも通用しない。アサド独裁の四年間は、死また死、退去につぐ退去、そして一面の混乱でしかなかった。この先アサド政権が安定をもたらすなどと誰が期待できよう。

第三に、米国としては、ウクライナへの支援とシリアでの米ロ協調をはっきり区別しておく必要がある。この点、米国の指導者はきわめて明瞭であらねばならない。ロシアに対し、どっちつかずのシグナルを送っては国益を損ねるばかりだ。

第四に、米国の指導者は、協調がおそらく成功しないことについても現実的な見通しを持っておかねばならない。

ロシア軍の空爆は、現にほとんど変化がない。また、ロシアがシリアの政権移行を支援すると言い出したのも最近のことではない。ロシアが参加した過去二つの国際平和会議（ジュネーブ1、2）が失敗に終わっていることも忘れてはなるまい。

この一年、米国としては、打倒ISISでロシアとの協力を模索する必要がある。ただし、成功の可能性については幻想を排し、失敗した場合のコストを現実的に踏まえておくことが重要である。

スタンフォード、米国

第十六策　対テロ戦争の勝算

ペルー自由民主研究所所長
エルナンド・デ・ソト

これはテロに対するグローバル戦争である――。

当時の米国の大統領、ジョージ・W・ブッシュ大統領の宣言から十四年が経った。戦費は一・六兆ドル（約一九〇兆円）にのぼり、ウサマ・ビンラディンから聖戦士《ジハーディ》ジョンまで、一〇一名の大物テロリストを殺害しながら、いまも西側は無防備に見える。全く無防備ではないまでも、過激派は容易に戦闘員を募集し、事実上、意のままに各国の首都を攻撃することができる。

いまやもう一人の大統領、フランスのオランド大統領が対テロ戦争を宣言し、欧州首脳も同調しているが、勝算はあるのだろうか。わたしには疑わしく思えてならない。

テロの勢力の由来

敵の勢力の由来を考えなくてはならない。

それは、人々をアメリカ独立戦争やフランス大革命へと駆りたてた感情、すなわち支配的制度への苛立ちと疎外感に似ている。独立前の北米植民地や革命前のフランスでは、専横な統治者による生活、財産、商売の収奪に不平が充満していた。

今日、このような疎外感が中東、北アフリカを包んでいる。

いわゆる「アラブの春」は、チュニジアの貧しい露天商モハメド・ブアジジが生活の資を容赦なく取りあげられたことに抗議し焼身自殺した事件に端を発する。

モハメドの兄サレームは、アメリカ公共放送網（APT）のインタビューに応じ、弟の死は貧しい人間にも商売の権利があるとの訴えだ、と語ってくれた。

ブアジジの焼身自殺はアラブ世界に衝撃を広げた。二ヵ月のうちに北アフリカからアフガニスタン、パキスタンを含む大中東圏では、少なくとも六三名の零細商人がブアジジにならって抗議の自殺をはかった。アラブ人は群衆となって街頭にくりだし、四つの政府を転覆した。

そして、いまもアラブ世界の怒りは中東全域を揺るがしつづけている。

ところが西側は、このメッセージを受けとり損ねてしまった。

西側は、旧来のマクロ経済調整や技術支援に終始し、貧しい大衆の財産権という問題の本質をとり損ねてしまった。

これは新しい問題ではない。西側でも、財産権こそは古くから暴君のくびきを脱する民衆の原動力であった。

この事実を忘れたのか、左派はそれを右派の教義とみなし、保守派はそれを所与のものと軽んじ、経済学者はそれを不動産取引や大工仕事に関するものとしか考えなくなっている。

西側は、国民の財産権の確立、保護、拡張へとアラブ各国政府を動かすことに失敗した。

こうして生まれた真空状態に、空想的ナショナリストやテロリストがつけこみ、兵士を欧州に送りこみつつある。

無論、これらの狂信者には、貧しい大衆の生活水準を改善する力はない。これは、カリフ制の復活をうたう自称「イスラム国」の支配地域の現状からも明らかである。

だが、窮乏と苛立ちの空気のなか、大衆の間には、偽りの約束にもすがりたい気分が蔓延している。

中東のアノイキスを解消せよ

民主政資本主義には、強力な財産権の確立と、国家権力の範囲についての明確な線引が不可欠である。西側は、この事実を思いだせないようだ。

グローバル市場とは、乱気流に満ちた、個々の生命への配慮なき世界である。これは、エントロピー法則が支配する宇宙など、あらゆる開放系と同じである。

天然、人工を問わず、あらゆる生体系は、境界の中で生じ営まれる。細胞、分子、体組織、コンピュータから社会集団まで、あらゆる生体系は境界で囲まれ、その拘束を受ける。境界には細胞膜、表皮のレベルから物理的な壁まであるが、法的権利もこれにあたる。

体内の境界内部では、複雑な多細胞構造が分子を組織し、細胞間で情報をやりとりし協調して働く。この働きを「シグナル伝達」と呼び、働きで生じた損傷は癌細胞のような異常につながる。

細胞は、他細胞や細胞外基質から浮遊すると、通常、短時間で死にいたる。これを、ギリシャ語で「宿なし」を意味する「アノイキス」と呼ぶ。

大中東圏の「アノイキス」を終わらせた者が、対テロ戦争の勝者となる。西側および有志連合は、中東の人々が生命・財産保護の境界を築けるよう支援すべきである。中東の八割の人々の生死がこうした境界の確立にかかっている。まずは危険を察知する「シグナル伝達」が不可欠だ。資産・会社の登記に基づく記録追跡制度がこれにあたる。

他人とつながり、複雑かつ有効な提携を築くうえで、生物学のいう「接着分子」も必要だ。法的強制力をともなう契約法がこれにあたる。資産を使って信用保証や資本金に充てることができる制度も必要だ。財産の分配、運用、担保に使える株式や証券がこれにあたる。

こうした境界が実現せぬかぎり、欧米やロシアがいかに統合軍事作戦を展開しても勝目はない。

テロの根絶には、中東の人々がグローバル市場で同等の立場に立ち、持てる力を発揮し繁栄しうる環境整備が不可欠だ。これこそアメリカ独立戦争やフランス大革命の革命家がなしとげたことである。

エルナンド・デ・ソト

オランド大統領、米国の次期大統領、有志連合に加わるアラブの同盟国には、中東各国政府をこの方向に導き、ぜひ手助けしてほしい。

要するに過激派が魅力的に映る状況を解消すること――。

これ以上に確実な道はない。

リマ、ペルー

第十七策　ファシズム復活か

米コロンビア大学教授
ロバート・パクストン

二〇一五年には「ファシズム」が、最も可燃性の高い政治的悪罵の言葉として帰ってきた。たしかに、ヒトラー風、ムッソリーニ風の言動に接すると、それをファシズムと決めつけたい誘惑にかられる。

ドナルド・トランプ氏、茶会党《ティー・パーティ》、フランスの国民戦線《ナショナル・フロント》、さらにイスラム過激派の刺客どもを含め、まるで共通点のない勢力にこの言葉が使われる。

こうした相手を「ファシスト」と決めつけたくなる気持も理解できるが、やはり一度立ち止まって考える必要があろう。

ファシストとの相違

ファシズムは、過度な個人主義を危惧する勢力による激しい対抗運動として、一九二〇年代のイタリアにはじまり、次いでドイツに起こった。第一次大戦で、イタリアは侮りを受け、ドイツは敗北を喫した。ムッソリーニもヒトラーも、その原因を民主政と個人主義に求め、国家の団結と意志が蝕《むしば》まれていると訴えた。

二人の指導者は、支持者には制服を着せ、その思想と行動を厳しく統制しようとした。政権を握ると、二人の独裁は生活の隅々にまでおよんだ。

体育競技も例外ではなかった。ムッソリーニは、全国余暇事業団《ドーポラヴォーロ》なる国家団体を用い、体育競技を組織、監督したのである。

ファシストは、自分たちこそ、第一次大戦後の欧州に跋扈するもう一つの政治運動、すなわち共産主義に対抗しうる唯一の勢力であると、エリート層の支持を求めた。国際《インターナショナル》社会主義に対し、ファシストは国家社会主義を唱えた。ファシストは社会主義勢力と衝突し、独立した労働組合を破壊しつくす一方、社会福祉の維持という国家の責務については一切疑問を挟まなかった(無論、ユダヤ人など「国内の敵」は対象外であった)。

「イスラム国」を名乗る運動も一見この型に当てはまる。構成員の意思や人格は、運動の下位に置かれ、最後には究極の献身――自爆テロに行きつく。

だが、やはり両者の間には根本的な相違がある。

「イスラム国」は、一国家ではなく、カリフ制を標榜する。宗教上の最高権威を信奉し、既存の国民国家にまたがり国家の存立を脅かす。中央執行部は影に徹し、政策運営の主導権は各地に分散し、地理上の核も必要としない。

古典的ファシストは国粋主義者《ナショナリスト》でもあった。国民国家に根ざし、国家権力の強化拡張をめざした。指導者も体制も、国家目標を宗教の上位に置こうとした。

「イスラム国」を宗教的全体主義の一種とする見方もあるが、中央集権、世俗的独裁、独裁者個人の美化といった特徴をもつ古典的ファシズムとは、やはり根本的に異質である。

茶会党《ティー・パーティ》は、ファシズム本来の国家権力拡大志向とは真逆の存在である。茶会党は、あらゆる公権力に反発し、他者への義務も峻拒する。

これは右翼無政府主義《アナキズム》とでも言うべきものであり、究極の個人主義である。個人の自由よりも共同体の義務を優先するファシズムとは対極にある。

フランス国民戦線《ナショナル・フロント》の源流は、いうまでもなく、ヴィシー政権にある。創設者ジャン＝マリー・ルペン氏は、ずっと共和政への侮蔑を露わにしてきた。

だが、ルペン氏の実娘マリーヌ党首の下での今日の台頭は、路上闘争やホロコースト否定といった自覚の過去との訣別による側面が大きい。

トランプ氏も特殊な例である。氏は一見、ファシストの主題を借りて米大統領予備選を戦う。それは外国人嫌悪《ゼノフォビア》であり、人種差別であり、国家の弱さと衰退の指摘とそれによる恐怖喚起であり、攻撃的外交であり、有時の法停止への構えなどである。

怒鳴るような口調と大衆受けのよさ、また最新の通信技術を駆使するところなどは、ムッソリーニやヒトラーさながらである。

だが、その言動の内容は、せいぜいファシストの主題や手法の流用でしかない。背景をなすイデオロギーの実体は全く異質である。

富の力を前面に押しだす氏の手法は、ファシスト体制とは根本的に相容れない。

氏の手法は、選挙戦術の、その場しのぎでしかない。しかもファシズムの忌まわしき歴史への配慮は、ほとんどないか全くなさそうだ。

氏はまた、言葉や演説の反響への感受性も欠いているようだが、これも驚くには当たらない。なにしろ、自分が加えた侮辱にも、まったく気づく様子がないのだから。

こうした憎むべき人々や運動を一概に、ファシズムの有害勢力、と決めつけるしか手がないというのもやりきれない。もっと普通の言葉を用いなくてはならない。すなわち、イスラム国は宗教狂信主義であり、茶会党《ティー・パーティ》は反動的無政府主義《アナキズム》であり、トランプ氏にいたっては新興財閥の放縦な煽動者でしかない、と。

過激な運動は他にも存在する。米国には白人優越主義集団アーリアン・ネイションズがあり、ギリシャには「黄金の夜明け」がある。こうした運動は、公然とナチの象徴主義をかかげ、物理的暴力を採用する。

この連中こそ「ファシスト」の名にふさわしい。

ニューヨーク、米国

第十八策　国連制裁、再考を要す

元国際連合事務局長
コフィ・アナン
リー・クアンユー公共政策大学院長
キショール・マブバニ

国連安全保障理事会のもと、かつてない数の制裁措置が発動している。一九九〇年代には最大時でも八つ、二〇〇〇年代には最大一二だった制裁が、現在は一六を数える。しかも、これとは別に欧州連合（ＥＵ）と米国の独自制裁がある。

こうした制裁の盛行から、国際平和と安全保障を担保する手段として制裁はとりわけ有効なのだろう、と考える人がいても不思議はない。

ところが不都合なことには、それは真実ではない。

制裁の負の側面

制裁が限られた成功しか収めていないことは、複数の学術研究が示すとおりである。ジュネーブの国際・開発研究大学院のトーマス・ビーアステカー博士の推計によると、制裁が効力を発揮するのは全体の期間の二割ほどでしかないという。

オックスフォード大学のアダム・ロバーツ博士によれば、「制裁の明らかな成功事例は稀であり、例外的に明らかな成功事例も、そのほとんどで制裁以外の要因が認められる」という。

この例外の一つが欧米の対ミャンマー制裁であった。たしかにミャンマーが経済解放の方針に転じ、漸次的な政治改革に取り組んでいるのは制裁の効果のようにも見える。だが実際は、制裁中に進んだ中国依存をミャンマー政府が嫌ったという側面も小さくない。

とはいえ、制裁の問題点は、その効力の低さばかりではない。制裁は逆効果、という例すら観察されている。制裁対象国が禁輸品の闇市場を掌握し、かえって資金源とするような例がこれにあたる。

一つ例を挙げるならば、ハイチである。一九九三〜九四年にかけて石油禁輸措置を受けた同国では、軍事政権がドミニカ国境で石油の闇取引を進めたのであった。対象国が報復の手段をもつ強い立場にある場合、制裁のリスクは増大せざるをえない。報復の被害を受けた有権者のうらみは、往々にして制裁を決定した自国政府に向かうからである。

ロシアのクリミア併合を受けて発動した欧米の制裁に対し、ロシアは報復措置として西欧食品の禁輸で対抗した。この結果、欧州の農産物価格が下落し、ブリュッセルなど各地の農家の間に制裁反対の声が広がったことは記憶に新しい。

所期の効果を発揮しないまま制裁が継続する例も珍しくない。なぜかといえば、いったん制裁が採択されると、国連安保理の五常任理事国は制裁解除の動議に対し「拒否権」を行使しうるからである。常任理事国の一角が継続を望むかぎり、見直し時期に達した制裁も継続するほかないのだ。九〇年代に米国主導で発動した対イラク制裁は、まさにこの例であった。

対イラク制裁は、たしかに深刻な効果をあげた。ただし、それは標的たるサダム・フセイン政権ばかりにではなく、見逃せない点として、無辜《むこ》の人々へと影響が広がったのである。ラヨラ大学シカゴ校のジョイ・ゴードン博士の推計によると、制裁の結果、六七万から八八万超の子供が死に追いやられたという。

たしかに、制裁がイラクに広げた被害を受け、その後は、対象限定型あるいは「スマート型」と呼ばれる制裁方法が主流となっている。

だが、対象限定型制裁が従来の包括的制裁より実際有効かどうかは明らかでない。ゴードン博士が指摘するように、武器・石油の禁輸はいまも闇取引で骨抜きにされている。

そのうえ、制裁対象を産業ごとに限定するにせよ、被害は経済全体に波及し、結局、市井の人々の生計や幸福を傷つける。

資産凍結や渡航禁止など、特定の個人を対象とする制裁は、広範な二次被害を避けるには適している。制裁対象とされた無実の人々が被害を訴えたことで、対象の特定プロセスも改善しつつある。だが、無実の個人がひょんなことから制裁リストに載ってしまう恐れは残る。

正しい運用を

無論、制裁は一定の目的に合致することもある。

米コロンビア大学のマイケル・ドイル博士は、次のように説く。

いわく、「制裁は、それ以外の選択肢が好ましくない場合に正当化される。その他の選択肢としては事態の静観や武力行使が考えられるが、それらは好ましくない場合が多い。というのも、事態を静観すれば人権蹂躙の許容と取られかねず、そうでなくとも効力なき『チープトーク』との批判は免れがたい。武力行使は、多少の悪行への対応としては過剰であり、また人的・物的両面でコストがかさみすぎる」と。

政府が制裁に頼りすぎるようでは由々しき事態である。

ハーバード大学のジョン・ラギー博士がこの点を簡潔に説明している。博士によると、「制裁とは、圧力外交の一手法である。ところが為政者は、制裁が外交の一部であることを失念している」という。

事実、政府の不作為か能力の欠如か、政治的解決策を誠実に模索する手間を省き、早々と制裁にいたる例が散見される。

同じくハーバード大学のケネス・ロゴフ博士の筆を借りると、「制裁の効果はまったく期待外れだ。制裁は往々にして、『できることをやっている』との政府の国内むけ宣伝として用いられる」という。

米国が実施した厳しい対キューバ制裁がこれであった。この制裁は、見かけ倒しで効果は薄かった（実際キューバの改革を遅らせる結果となった）。

残念ながら、制裁の正しい運用は、制裁を科すときのような高揚感とは無縁である。だが、さまざまな欠点の指摘される制裁の影響からして、新しい手法が求められていることはまちがいない。

そもそも公共政策とは、事実に基づき施行すべきものであり、直観や感情で施行するものではない。過去の事例が示すとおり、制裁の実施には、それが成果をもたらし、意図と反する結果を招かぬよう、慎重な調整が欠かせない。さらに政治的関与の併用も不可欠だ。制裁を実際に科すという行為には、どこか人の溜飲を下げるようなところがある。制裁を実際に正しく機能させるためにも、制裁の使い方の再考が求められている。

シンガポール

第十九策　奴隷児童を解放せよ

ノーベル平和賞受賞者
カイラシュ・サトヤルティ

いまも奴隷の、しかも児童奴隷の根絶が課題となっている。これは人類の隠しようない汚点である。

児童奴隷は時代の遺物などではない。奴隷は過去二十年間ずっと五五〇〇万人の規模で存在する。子供たちは、動物同様に売買され、その金額はタバコ一箱に満たないことも珍しくない。

しかもこれとは別に、一億六八〇〇万人の児童が労働に従事し、学校に行けない児童も五九〇〇万人にのぼる。さらに毎年一五〇〇万人の少女たちが、十五歳にもならない幼さで結婚を強いられるなど、到底許容できない状況が広がっている。

十八年前、われわれの「児童労働に反対するグローバルマーチ」の運動が地球規模で広がり、世界の指導者もこの問題に関心を寄せてくれた。活動家仲間、労働者、教育者、そして実業界からも言葉につくせぬ支援を受けて運動は赫々たる成功をおさめ、ついに国際労働機関（ＩＬＯ）の「最悪の形態の児童労働」条約が採択された。

それでもなお課題は山積していた。

そこで「グローバルマーチ」は、次の十五年の開発の方向性を決定する、国連の「持続可能な開発目標（ＳＤＧｓ、通称グローバル・ゴールズ）」に児童奴隷への強い反対の文言を入れるよう、五五万人の署名を集めて世界の指導者に働きかけた。

こうしてグローバル・ゴールズの一項に、「強制労働を根絶し、現代の奴隷制、人身売買を終わらせるための緊急かつ効果的な措置の実施、最悪な形態の児童労働の禁止および撲滅を確保する」との約束が加わった。

いまこそ、この約束のもとに一致団結して行動すべきである。児童労働、奴隷、人身売買、児童虐待――こうした事態のあるかぎり、アジェンダの最重要目標、すなわち包摂的かつ持続可能な繁栄は望むべくもない。

政府が動けばすむ問題ではない。実業界、市民社会、そして市民一人ひとりの力が必要である。何よりも指導者に圧力をかけることだ。

インドの児童労働

インドの状況を見てみたい。インドでは、国家教育方針と児童労働法の改正が間近に迫るが、開発の基本政策たるこの二つ改正案が相反する内容なのだ。新教育方針は、児童労働を教育の障害と位置づけるなど、広い意味で、虐げられ貧しさにあえぐ無数の子供たちの人生展望の改善につながることが期待できる。

これに反し、児童労働法の改正案は、教育の進展を阻害しかねない内容なのだ。具体的には、十四歳未満の児童に「危険でない」家業もしくは娯楽産業の範囲で家族の手伝いを認めるものとなっている。

一見問題がないこの文言には、ある事実の見落としがある。「家業」のための労働が他の仕事ほど過酷でない保証はないのだ。しかも、「危険」な職業の一覧が到底完全とは言えない代物なのである。

例を挙げよう。

アルピタという名の八歳の女の子である。われわれの「バチパン・バッチャオ・アンドーラン（子供時代を救え運動）」に救助されるまで、アルピタはおじの家で「家業の手伝い」として十六時間から十八時間も働かされていた。アルピタの救出には、おじの家の扉を壊さなければならなかった。アルピタは、厳寒の季節にろくな服も着ず、やせ衰え、体じゅう傷だらけでバルコニーのぼろの下で縮こまっていた。

もう一つ例を挙げよう。

十歳のモーシン、八歳のアスラムの二人は、やはりおじの経営する搾取工場から救出された。二〇〇七年のことである。二人は、世界最大級の洋服小売チェーンむけの子供服を作り、餓死寸前だった。

前述のアルピタ、そしてモーシン、アスラム――三人の労働はいずれも、改正案では危険とされないのである。

最近の分析で、われわれの運動が救出する子供のうち五人に一人が、いわゆる家業を手伝わされていることがわかった。また五人に二人が、幹線道路沿いのダバ（簡易レストラン）や、洋服・皮革製品・化粧品・電化製品の製造現場などの危険労働に従事していた。

改正案では、このすべての児童労働が家業の名のもとに認められることになる。アルピタ、モーシン、アスラムのような子供たちが、数百万の規模で奴隷のようにこき使われている。改正案が可決すれば、どんなに状況が悲惨でも、「家族」に使われている子供は一人も救出できなくなってしまう。

この改正の影響は、子供一人ひとりに及ぶばかりでなく、社会全体の未来にも取り返しのつかないものとなる。インドの子供たちを代弁し、議会が正しい行動をとり、改正案を否決するように強く求めたい。

これはインドに限った話ではない。子供の保護は急務である。「グローバル・ゴールズ」が誓う未来の実現には、一人ひとりの基本的人権の擁護にあらゆる手立てをつくす必要がある。とりわけ社会の最も弱い立場の権利を守らなくてはならない。

各国政府としては、子供にやさしい政策を追求し、若い世代の保護と教育にもっと資金を配分してほしい。

わたしは、長く同僚と手を携え、できる限りをやってきた。この間、八万四千人を超える子供を悲惨な状況から救出した。児童奴隷の暗い闇を払拭するには到底充分ではないが、子供やその家族にとっては一つ一つの事例が一大事であった。

いまも無数の子供たちが奴隷にされ、少年時代を失い、その先の幸福で健康で輝かしい未来への望みを絶たれている。

いまこそ世界は立ちあがり、声なき子供たちに代わって声を上げなくてはならない。

すべての子供を搾取から解放し、教育で力をつけさせ、「子供たちに、希望に満ちた人生を」との誓いを実行するよう指導者に要求しよう。

児童奴隷は、この世代で撲滅することができるし、そうせねばならない。

ニューデリー、インド

第二十策　ＮＡＳＡの火星旅行

米航空宇宙局（ＮＡＳＡ）チーフサイエンティスト
エレン・ストファン

二〇一五年の人気映画「オデッセイ」（原作・火星の人）の劇中、米航空宇宙局（ＮＡＳＡ）は火星に取り残された宇宙飛行士を救うべく、各国と協力し、人類の知恵を傾けて奮闘する。

名匠リドリー・スコットの手になる本作は、視覚的に美しいうえに、手に汗にぎる娯楽作となっている。そのうえにこの映画は、真剣になったときの人類の可能性を描き、スタンリー・キューブリック監督の一九六八年の傑作「二〇〇一年宇宙の旅」と同じく未来の宇宙開発を垣間見られる作品である。

ＮＡＳＡでは、この映画に技術指導をおこない、多くの場面でＮＡＳＡが取り組む新技術がお目見えする。劇中に登場する次世代型宇宙服や地球外での食料生産などの新技術は、将来の火星探査で実地に用いる予定だ。

NASAでは、二〇三〇年代半ばをめどに、火星に人類を送りこむとの野心的な目標をかかげ、先ごろ「NASAの火星旅行――宇宙開発の次の足跡へ」との報告書で人類がなすべき手順を概説した。

計画では、まず国際宇宙ステーション（ISS）で各種調査を継続し、次いで地球低軌道を離れた月近くの軌道上に、いわゆる「試験場」を設ける。こうして、宇宙飛行士が数日で安全に帰還できる範囲の外へと作戦範囲を広げる計画だ。

宇宙開発の国際協調

映画「オデッセイ」には真実と異なる点がある。

火星有人探査は、映画が描くようなNASAの独壇場ではないのだ。この点、かつての月探査とは事情が異なる。むしろこの計画は、準備段階から世界の人材・資源を集め、探査の実施段階でも各国当局や民間の力を借りることになる。

すでに各国が協力し、太陽系ひいては宇宙に関する知見を広げるべく研究中だ。

国際宇宙ステーションの開発・運営には一五ヵ国、数万人が従事し、太陽系探査への技術開発に加え、骨密度低下や筋収縮のリスク緩和など宇宙での健康維持法の研究が進む。NASAでは多数の無人探査機を火星に送りつづけているが、これも国際社会の協力あってのことだ。

火星探査に用いる予定の、宇宙船マーズ・サイエンス・ラボラトリーの探査機ローバー「キュリオシティ」には五ヵ国が機器を提供する。たとえば天候観測ステーションは、スペインの宇宙生物学研究所の製造である。これを用いて火星環境への理解を深め、将来の探査に必要なものを割りだし有人探査のリスク軽減をはかる。

欧州宇宙機関（ESA）は、宇宙船オリオンに推進装置などからなるサービス・モジュールを提供してくれた。この宇宙船に乗り、アポロ計画以来はじめて人類が月の向こうへと旅するのである。

民間企業も役割を担う。スペースX社とオービタルATK社は、NASAの商業カーゴ計画の一環で、物資輸送を開始している。また、ボーイング社とスペースX社では、二〇一八年に有人宇宙飛行を計画中だ。

国際宇宙ステーションでは、民間企業と協力し新技術の試験も進む。たとえば3Dプリンターは、宇宙開発の持続可能性向上に役立つことが期待される。

宇宙開発は役に立つ

われわれは、単なる力試しで火星有人探査に挑戦するわけではない。火星を知れば地球の生命についての知見が得られると考えるからである。

ＮＡＳＡでは、科学的観点から、地球以外で生命の存在が認められる可能性が最も高いのは火星だとみている。

水――この生命に不可欠な成分が、火星の表面には約十億年にわたり存在していた。地球の生命の進化から推測するに、火星にも同様の生命が生まれていると考えられる。だが、火星生命体は、存在するとしても微生物程度にしか進化していないかもしれない。

そこで、宇宙生物学と地質学の専門家を送りこみ、火星の地表で生命体の形跡を捜すことになる。火星に液体の水が存在するとの最近の発見を受け、科学者の間では、生命体が生き残っているとすれば、環境悪化が進む地表ではなく地中に潜っていると考えられるようになった。

火星探査には、科学を超えた理由もある。この挑戦は、技術革新や技能開発を刺激するのだ。ＮＡＳＡの活動に一ドルを使うたびに、アメリカ経済には四ドルの経済効果がある。

かつて人類を月に送るという難事業を前に、故ケネディ大統領は次のように演説した。

いわく、「われわれがそれを選ぶのは、たやすいからではなく、困難だからである。この目標が、われわれの能力と技術の最も優れた部分を集め、その真価を測るに足るものだからである」と。

火星有人探査の挑戦は、地球上の実生活にも有益である。宇宙用に開発した最新技術の多くがすでに地上で実用化し、たとえば、国際宇宙ステーションの浄水装置は辺境での水供給に転用され、ＮＡＳＡのスペース・ローンチ・システムや宇宙船オリオンの成果も、充電の高速化から製造技術の洗練、航空機の軽量化まで、広い分野に応用されている。

鋼《はがね》の意志で火星を探検する、映画「オデッセイ」のマーク・ワトニー飛行士のように、ＮＡＳＡも国際社会をリードし、新しい高みに手をかけて赤い惑星の秘密を明かしていく。

そして、科学小説《サイエンス・フィクション》が科学的事実《サイエンス・ファクト》に変わるのだ。〔完〕

ワシントンＤＣ、米国

主要著作

（ジョセフ・E・スティグリッツ）

J・E・スティグリッツ『世界に分断と対立を撒き散らす経済の罠』徳間書店，2015年

――『世界の99％を貧困にする経済』徳間書店，2012年

――『スティグリッツ入門経済学』東洋経済新報社，2012年

――『フリーフォール』徳間書店，2010年

J・E・スティグリッツ，L・ビルムズ『世界を不幸にするアメリカの戦争経済』徳間書店，2008年

J・E・スティグリッツ『スティグリッツ教授の経済教室』ダイヤモンド社，2007年

J・E・スティグリッツ，A・チャールトン『フェアトレード』日本経済新聞出版社，2007年

スティグリッツ，ウォルシュ『マクロ経済学』東洋経済新報社，2007年

――『ミクロ経済学』東洋経済新報社，2006年

J・E・スティグリッツ『世界に格差をバラ撒いたグローバリズムを正す』徳間書店，2006年

――『スティグリッツ早稲田大学講義録』光文社新書，2004年

――『スティグリッツ公共経済学』東洋経済新報社，2004年

――『人間が幸福になる経済とは何か』徳間書店，2003年

――『新しい金融論』東京大学出版会，2003年

――『世界を不幸にしたグローバリズムの正体』徳間書店，2002年

――『非対称情報の経済学』光文社新書，2002年

（ラグラム・ラジャン）

R・ラジャン『フォールト・ラインズ』新潮社，2011年

R・ラジャン，L・ジンガレス『セイヴィング キャピタリズム』慶應義塾大学出版会，2006年

（フランシス・フクヤマ）

F・フクヤマ『政治の起源』講談社，2013年

――『アメリカの終わり』講談社，2006年

――『人間の終わり』ダイヤモンド社，2002年

――『「大崩壊」の時代』早川書房，2000年

――『「信」無くば立たず』三笠書房，1996年

F・フクヤマ，K・オウ『冷戦後の日米同盟』徳間書店，1994年

F・フクヤマ『歴史の終わり』三笠書房，1992年

（林毅夫）
林毅夫，蔡昉，李周『中国の国有企業改革』日本評論社，1999年
林毅夫，杜進『中国の経済発展』日本評論社，1997年

（カウシク・バス）
K・バス『開発経済学』成文堂，1986年

（ジョージ・ソロス）
G・ソロス『ソロスの警告』徳間書店，2012年
――『ソロスの講義録』講談社，2010年
――『ソロスは警告する　2009』講談社，2009年
――『ソロスの錬金術』総合法令出版，2009年
――『世界秩序の崩壊』ランダムハウス講談社，2009年
――『ソロスは警告する』講談社，2008年
――『ブッシュへの宣戦布告』ダイヤモンド社，2004年
――『グローバル・オープン・ソサエティ』ダイヤモンド社，2003年
――『ソロスの資本主義改革論』日本経済新聞社，2001年
――『グローバル資本主義の危機』日本経済新聞社，1999年
――『相場の心を読む』講談社，1988年

（トニー・ブレア）
T・ブレア『ブレア回顧録』日本経済新聞出版社，2011年

（ロバート・パクストン）
R・パクストン『ファシズムの解剖学』桜井書店，2009年
――『ヴィシー時代のフランス』柏書房，2004年

（コフィ・アナン）
K・アナン『コフィー・アナン語録 』国際連合広報センター，1999年
――『地球社会のためのパートナーシップ』国際連合広報センター，1999年

（キショール・マブバニ）
K・マブバニ『大収斂』中央公論新社，2015年
――『「アジア半球」が世界を動かす』日経BP社，2010年

プロジェクトシンジケート叢書
安定とその敵
二〇一六年二月一七日印刷
二〇一六年二月二五日発行
ジョージ・ソロスほか著
共同訳
装幀　豊田卓
製造　光邦
発行所　土曜社
東京都渋谷区猿楽町
一一ー二〇ー三〇一

Stability at Bay
by Project Syndicate

This edition published in Japan
by DOYOSHA in 2016

11-20-301 Sarugaku Shibuya
Tokyo 150-0033 JAPAN

ISBN978-4-907511-36-4　C0030
落丁・乱丁本は交換いたします

プロジェクトシンジケート叢書1

混乱の本質

ソロスほか著／徳川家広訳／2012年8月初版／本体952円

※肩書は執筆時

プロジェクトシンジケート叢書2

世界は考える

黒田東彦ほか著／野中邦子訳／2013年3月初版／本体1900円

第一部　危機後の国際協調

1　崖っぷちの一年……J・E・スティグリッツ（ノーベル経済学賞受賞者）
2　未来の世界経済……C・ラガルド（IMF専務理事）
3　新興国の「ユーロ危機」…………K・バス（世界銀行チーフエコノミスト）
4　ブラジルの経済革命……G・マンテガ（ブラジル財務相）
5　ある楽観主義者のタイムライン………B・ゲイツ（マイクロソフト会長）
6　新興世界が立ち上る………J・オニール（ゴールドマンサックスAM会長）
7　ゲームに自己資金を投じる………N・タレブ（オックスフォード大教授）
8　欧州の落日……G・ソロス（ソロス・ファンドマネジメント会長）
9　危機に瀕する多角的貿易交渉…………P・サザーランド（元WTO総裁）
10　銀行論争、終わりの始まり……ヴィッカーズ（オックスフォード大教授）
11　グレート・バンク・エスケープ……アドマティ（スタンフォード大教授）
12　険しい道を行くアジア……
黒田東彦（ADB総裁）／李昌鏞（同チーフエコノミスト）
13　国家資本主義は最強か……
D・アセモグル（MIT教授）／J・ロビンソン（ハーバード大教授）

第二部　協調の地政学

14　太平洋に軸足を移す米国……L・E・パネッタ（米国国防長官）
15　危機と変革……A・ギュル（トルコ共和国大統領）
16　中東は敗者のままでいるのか…トルキ王子（元サウジ政府情報機関長官）
17　エジプトとイランの緊張緩和……
M・ハラジ（ワシントン中近東政策研究所上席研究員）
18　最後の南米反政府ゲリラ…J・M・サントス（コロンビア共和国大統領）
19　仏欧経済清算の年……P・モスコヴィシ（フランス経済財政相）
20　ドローンを停止せよ……I・カーン（パキスタン正義運動党首）
21　過去をひきずるロシアの未来史……
N・フルシチョワ（ニュースクール大教授）
22　二〇一三年のワイマール……M・マザワー（コロンビア大教授）
23　市場原理に限界はあるか……M・J・サンデル（ハーバード大教授）

※肩書は執筆時

プロジェクトシンジケート叢書3

新アジア地政学

イアン・ブレマーほか著／共同訳／2013年6月初版／本体1700円

※肩書は執筆時

プロジェクトシンジケート叢書4

世界論

安倍晋三ほか著／共同訳／2014年1月初版／本体1199円

世界の地殻変動を読む……………………………会田弘継（共同通信特別編集委員）
転機を迎える世界………………………………プロジェクトシンジケート

1 日本、「賃金サプライズ」へ…………………………安倍晋三（日本国首相）
2 南北関係を創造しなおす………………………朴槿恵（大韓民国大統領）
3 イランは変わったか…………………トルキ王子（サウジアラビア王族）
4 わがイランの望み…………………………H・ロウハニ（イラン大統領）
5 二〇一四年の中東安全保障………E・バラク（元イスラエル首相・国防相）
6 当惑のサウジ王国……………M・ヤマニ（サウジアラビア反体制派知識人）
7 動く世界経済………………G・ソロス（ソロス・ファンドマネジメント会長）
8 米国産シェールガスの衝撃…………D・ヤーギン（ピュリツァー賞作家）
9 長引く大停滞…………J・E・スティグリッツ（ノーベル経済学賞受賞者）
10 更生施設に入る世界………………N・ファーガソン（ハーバード大教授）
11 英国は戻ってきた…………………………………G・オズボーン（英国財務相）
12 フランス流の改革……………………………J＝M・エロー（フランス首相）
13 ヨーロッパ製の未来……………………………………E・レッタ（イタリア首相）
14 トルコ経済の光と影…………………………M・シムシェキ（トルコ財務相）
15 かじを切ったメキシコ…………………………E・P・ニエト（メキシコ大統領）
16 「L字」回復の恐れ……………………K・バス（世界銀行チーフエコノミスト）
17 グローバル経済を再びエンパワーする…C・ラガルド（IMF専務理事）
18 ルールが崩れる時代……………………………………………………………
D・バートン（マッキンゼー・アンド・カンパニー代表パートナー社長）
19 新興国のワクチン革新企業……………B・ゲイツ（マイクロソフト会長）
20 移民を憐れむ歌………K・アナン（前国際連合事務総長／エルダース議長）

※肩書は執筆時

プロジェクトシンジケート叢書5

秩序の喪失

安倍晋三ほか著／共同訳／2015年2月初版／本体1850円

※肩書は執筆時